外交官
历史亲历记

刘新生 赵国明 ／主编

九州出版社 JIUZHOUPRESS | 全国百佳图书出版单位

目 录

序

外交官，这一富有荣誉感和责任感的职业，在当今世界许多国家都是令人羡慕的。

中国也不例外，不少有志的中国青年热切盼望跻身外交官这一崇高而光荣的行列。人们谈到外交，说起外交官，自然而然地就会联想起西装革履、送往迎来、谈笑风生、觥筹交错。但是这只是表面现象，实际上是责任很大，任务很重。

由于外交工作的特殊性和机密性，长期以来有关外交工作和外交官工作、生活的回忆文章发表不多，电视更少，众多读者对外交工作缺乏了解，甚至感到很神秘。今年初，《北京青年报》与“外交笔会”联手开辟专版，陆续推出“外交官的亲历历史”系列文章，受到了广大读者的欢迎和好评。为使更多读者分享新中国外交和外交官的苦乐人生，九州出版社决定结集出版，本书收录了20余篇文章。撰稿人多数是长期从事外交工作的前大使、总领事、参赞等高级外交官。作为国家的代表和人民的友好使者，他们忠于祖国，四海为家，恪尽职守，认真执行我国独立自主的和平外交政策，坚定地捍卫国家和人民的利益和安全，维护世界和平、促进共同发展，为不断开创我国外交工作新局面做出了重要贡献。

在对外交往中，外交官们积累了丰富而宝贵的经验。他们根据亲身经历，以翔实的资料、生动的笔墨，记录下来他们外交生涯中的精彩片断，有些是他们在同国外领导人交谈和接触时的深切感受，有些是同当地各界人士和人民交往中的真诚友情，有些是他们在外交折冲中的所想所感，也有些是他们在外交场合中的所见所闻，形式多姿多彩，内容方方面面。从他们的作品中，读者不但能看到外交官觥筹交错中的迎来送往和纵横捭阖，还能从一个侧面看到新中国外交波澜壮阔的历史画卷。

从这些文章中可以看出，在外交工作中，不论是相互往来，友好合作，还是谈判磋商，交涉斗争，都要以理服人，不卑不亢、相互尊重，合作共赢，又要善于审时度势、求同存异，精确把握火候，以两手对两手，做到有理、有利、有节，才能最有效地维护我国的核心利益和重大关切，也最有利于提升我国的国际地位和国际形象。

但愿此书能有助于读者增进对我国的外交政策以及外交工作的了解。

原外交部副部长　王殊

大使眼中的阿拉法特

◎文并图／时延春［前驻也门、叙利亚大使］

2004年11月11日，亚西尔·阿拉法特去世。阿拉法特生前担任巴勒斯坦国总统、巴勒斯坦解放组织执行委员会主席、巴勒斯坦革命武装力量总司令、巴勒斯坦民族权力机构主席，是巴勒斯坦人民公认的领袖。他的去世成为轰动世界的新闻。有关方面对他的评价也是褒贬各异，美国、以色列对他多加指责，世界绝大多数国家对他的逝世表示哀悼，巴勒斯坦人民悲痛欲绝，以各种方式表达对他的敬爱之情。

阿拉法特逝世当天，我应上海东方卫视邀请，就阿拉法特专题做节目，进行电视直播。我通过东方卫视向巴解领导、巴勒斯坦驻华大使及阿拉法特家属表示哀悼。

我给阿拉法特当翻译

在我珍藏的相册里，有几幅照片在我心目中占有特殊地位。一幅是1984年5月邓小平在北京人民大会堂会见阿拉法特时我为他们当译员的照片；一幅是1984年3月李先念作为国家主席访问约旦会见阿拉法特时我为他们当译员的照片。有几幅是1985年11月我在中国驻埃及大使馆工作时与阿拉法特在开罗欧鲁巴宫的合影。另有几幅照片是我与夫人在开罗工作时见到阿拉法特的大姐英阿姆、他的弟弟法塔希夫妇时拍下的照片。

1984年3月10日，我第一次见到阿拉法特。当时，国家主席李先念正对约旦进行正式友好访问。阿拉法特特地从突尼斯巴解组织总部赶到约旦首都安曼会见李先念主席。3月10日晚上，两位领导人在约旦国宾馆举行了近两小时的会谈。我作为译员参加了这次会晤。

我看到，阿拉法特身穿军装，头戴阿拉伯头巾，精神饱满，充满活力。他一走进会客厅，便与李先念主席热烈拥抱，互致问候。李先念对阿拉法特说："我在北京见过你一次，看起来你还是那个样子。"阿拉法特说："我胡子都白了，但战斗还在继续进行着。"

李先念主席强调，中国一贯支持巴勒斯坦人民的正义斗争。巴勒斯坦解放组织是巴勒斯坦人民的唯一合法代表，中国支持以阿拉法特为首的巴解组织。李先念说，巴勒斯坦人民还要经历一段长期、复杂和艰苦的斗争，但相信最后胜利是属于巴勒斯坦人民的。

阿拉法特对李先念说："对你们的支持，我们的人民是永远不会忘记的。"他一再感谢中国人民对巴勒斯坦人民的支持。他说，阿拉伯有句谚语，叫做"患难知朋友"。在患难中，中国人民是巴勒斯坦人民的真正朋友。李先念接着说，中国也有句谚语，叫做"患难知真交，路遥知马力"。

会晤时，李先念邀请阿拉法特再次访华，阿拉法特愉快地接受了邀请。

1984年5月，阿拉法特第四次访华。在他访问全部过程中，我担任翻译。邓小平在人民大会堂会见了他，并就一些重大问题谈了自己的看法。邓小平说，你们为了自己的正义事业已经奋斗了几十年，看来任何正义的事业都是要经过艰难困苦的。中国人民经过22年的革命战争，才赢得了胜利。邓小平在介绍中国革命的经验教训时说，在20世纪30年代，由于王明的错误路线，我们的军队由30万人减少到3万人。但是这3万人经受了考验，实现了广泛的团结，制定了一系列的正确政策，用毛泽东思想统一了全党的思想，其核心就是实事求是。

根据巴勒斯坦革命的实际情况，邓小平对阿拉法特说，巴勒斯坦问题的解决同整个阿拉伯问题的解决是相互关联的。你们目前把工作的重点放在加强巴解组织内部和巴解组织同阿拉伯国家的团结上，这是十分正确的。这是一件十分困难的工作，但是非办不可。只要坚持下去，总是会有结果的。邓小平表示，中国永远支持巴勒斯坦人民的正义斗争，直到取得最后胜利。

会见结束后，阿拉法特对我说，邓小平确实是位伟大人物，他对邓小平这位伟大战略家和政治家的见解深表敬佩。

在阿拉法特此次访华期间，我与他接触交谈的机会很多。他给我的印象是平易近人，知识面很广，事业心很强。他询问我的工作生活情况，并向我详细介绍了巴勒斯坦问题的历史演变情况。访问结束时，我到机场送别，他与我热烈拥抱，表示希望能再次见到我，并答应将给我寄些有关中东和巴勒斯坦问题的书刊过来。过了不久，我果然收到他的随行人员给我寄来的书刊。

在硝烟弥漫的战场上，他镇定自若，气贯长虹，但在平时，他总是面带笑容。

1985 年，我被派往中国驻埃及大使馆工作。同年 11 月，我在开罗欧鲁巴宫再次见到阿拉法特。老友重逢，双方都感到非常亲切。

在开罗工作期间，我与夫人多次与阿拉法特的大姐英阿姆、弟弟法塔希会面交谈。后来，由于工作的关系，我在中东许多地方与阿拉法特的战友、部下晤谈。在一段时间内，我与他们过往甚密，多次到其中部分朋友家做客。在我们的交谈中，话题自然离不开阿拉法特。长期以来，我一直都关注着这位风云人物，我对他的了解越来越多。他是一位有鲜明性格的人物。

每次见到阿拉法特，我都注意观察他的个人形象。他总是头缠黑白或红白格头巾，身穿墨绿色军装，腰间挎一把手枪，俨然是一个久经沙场的军队指挥员，究竟手枪里有没有子弹，一直是个谜。

对于阿拉法特头巾颜色的含义，他自己有专门的解释。他说黑白方格代表巴勒斯坦农民，红白方格代表沙漠中的贝都因人，方格中的白色代表居住在城里的居民。阿拉法特说，1976 年 6 月第三次中东战争后，他在以色列占领区生活了4个多月。那时，他效仿当地的农民戴这种方格头巾，从此后，他就一直戴这种头巾，借以显示他的独特风格。

每次与阿拉法特握手，我都留意他的容止。他高高的鼻梁，面容虽然有些清癯，但两眼炯炯有神，目光如剑。我记得与他在开罗欧鲁巴宫见面时，他显得特别热情，他把我称为老朋友，紧紧地握住我的手，接着便是拥抱相吻。这种热烈场面顿时使我产生“有朋自远方来，不亦乐乎”之感。

每当我与他本人或他姐姐弟弟交谈时，我都有意识地研究他的情愫。他是一位有血有肉、富有感情的长者。在硝烟弥漫的战场上，他镇定自若，奋不顾身，气贯长虹。但在平时，他总是面带笑容。尽管他日理万机，夜以继日地操劳，但时时关心着周围的人，与大家唠唠家常，询问别人的健康状况和家庭情况，使人们感到他如同和蔼可亲的父兄。

每当听到他演讲时，我总喜欢欣赏他的气质。他在演讲的时候，声音洪亮铿锵有力，不时挥动着那有力的双臂。他的言谈和演说富有战斗力和号召力，而又充满哲理和智慧，使人感到他正义在手，方向明确，充满活力。

长期以来，阿拉法特一直留着满腮的花白胡子。当人们问他为什么不刮胡须时，他解释说，巴勒斯坦人与其他阿拉伯人一样，都喜欢留胡子，这并不是什么坏事。此外，他认为，每天刮胡须要花去15分钟时间，照此算来，每个月要花去450分钟，也就是7个半小时。他认为这是浪费时间，很难办到。于是，他干脆不刮胡子，这也算是他的另一种风格吧。

在阿拉法特的记事本上，从来没有专门用作休息和娱乐的时间，一年365天，他经常夜以继日地工作。他每天工作一般都在18小时左右，而睡眠一般不超过5小时，甚至这5小时也要分作两段时间，第一段时间是在清晨4时到7时，第二段是在下午4时到6时。他处事果断，知识渊博，记忆力强。他不吸烟，不喝酒，唯一的嗜好是喝茶时放一匙蜂蜜，这算是他最好的享受。

我任中国驻叙利亚大使期间，于2000年5月与夫人奚惠芳走访加沙。我看到路口竖立着一幅阿拉法特的巨像，上面写着阿拉法特的一句名言：“耶路撒冷，没有你，我的梦难圆。”我在这幅像前驻足留念。我们参观了巴勒斯坦难民营，领略了巴勒斯坦人民对阿拉法特的爱戴之情。我坐在地中海边加沙海滩上，望着大海的波涛，思绪万千，遂写下一首诗，题为《访加沙有感》，诗文如下：

烟波浩渺罩海滩，
造访加沙忆迦南。
满目凄凉难民营，
绿树丛掩定居点。
自古兵家必争地，
民无定日多争端。
我劝天公扫阴霾，
普降和平众欢颜。

“不死鸟”凭智勇频频逃过死亡

回合一：丢掉那见鬼的无线电发射器

以色列情报局曾长期把阿拉法特列为头号捕获对象，并为此煞费苦心，使尽一切伎俩，但总是一无所获，阴谋落空。以色列情报局人员对阿拉法特恨之入骨，曾咬牙切齿地说，如果抓住阿拉法特，先将他装进一个铁笼子里，用直升机吊着这个铁笼子从巴勒斯坦人头顶飞过，在让阿拉法特和所有巴勒斯坦人的脸面丢尽之后，再把阿拉法特处死。为此，以色列情报局收买了阿拉法特身边的一位人员，让他把一个无线电发射器安装在阿拉法特乘坐的汽车里，以便为以色列战斗机准确导航，从而达到轻而易举炸死阿拉法特的目的。然而令以色列情报局感到不解的是，他们的那个无线电发射器根本不灵，没有发回任何信号和情报。后来他们才知道，他们的这一阴谋一开始就被阿拉法特识破。阿拉法特很快发现了这个无线电发射器，并颇风趣地说：“不要忘记，我是位工程师。当我发现以色列飞机跟踪我时，我就知道原因在何处。”他说着说着，便把这个无线电发射器扔到了车外。以色列情报局暗杀阿拉法特的企图被挫败。

回合二：穿行于枪林弹雨

1970 年，巴解组织与伊拉克关系恶化，有人计划暗杀阿拉法特。当时，阿拉法特作为巴解组织主席，经常在约旦的总部办公。一天，他收到一包文件，上面写着阿拉法特兄弟亲启。当时，阿拉法特正在会议室主持会议，他边发言边揣摩这包文件。突然，他对警卫人员说：“我闻出这包文件味道不对劲儿，赶快把它拿走！”不出阿拉法特所料，当巴解组织特工人员以“适当方式”打开这包文件时，一股黑烟顿时伴随着巨响冲天而起。这样，阿拉法特以其特有的敏锐又一次躲过了鬼门关。

1970 年，巴解组织强烈反对美国提出的和平解决中东问题的“罗杰斯计划”，既得罪了美国，又与支持该计划的约旦交恶。在美国的授意下，约旦成立了军政府，并向驻扎在约旦的巴解武装力量发动进攻。阿拉法特是约旦军方攻击的首要目标。约旦军方经过一番精心策划，派出一支精干的特种部队，出其不意地包围了阿拉法特的住所，轻重武器连续射击，整座房子顿时被完全摧毁。阿拉法特凭着自己的丰富经验，事前料到约旦军方要下手干掉他，就在约旦特种部队到达前几分钟，他机智地从后门溜走，从而避免了一场杀身之祸。

1973 年，阿拉法特多次遇险。一次，一名武装分子在巴解组织驻贝鲁特办事处向阿拉法特开枪射击，但子弹从阿拉法特身旁飞过，阿拉法特安然无恙。又有一次，一支以色列突击队化装成阿拉法特反以色列组织成员潜入贝鲁特市中心。当日深夜，这队以色列突击队向阿拉法特所在的巴解组织总部发动突然袭击，顿时枪声大作。以色列的子弹打伤了巴解组织发言人卡迈尔，其最终目标是想从肉体上消灭阿拉法特。但机智勇敢的阿拉法特镇定自若，在警卫人员的掩护下穿行在枪林弹雨中。最后，他竟出人意料地进入亲以色列派势力控制区隐蔽起来，等事态平静后，他又神不知鬼不觉地回到巴解组织总部。

回合三：惟坦荡以解毒

收买阿拉法特身边工作人员暗杀阿拉法特，是敌对势力的一种惯用伎俩。一次，一名巴勒斯坦人被收买向阿拉法特吃的食物中下毒，但阴谋败露。这名凶手被处决后，阿拉法特曾为此哭泣，保证要对死者的家属给予照顾。又有一次，以色列情报局收买了曾在阿拉法特办公室工作过四年的阿布·赛义德，让他巧妙地在阿拉法特的饭食中放入几粒小毒药丸。阿拉法特对这一阴谋毫无觉察，津津有味地吃起来。当阿拉法特刚吃下第一口饭时，阿布·赛义德突然良心发现，如实地向阿拉法特报告了这一阴谋。这样，阿拉法特再次死里逃生。

1982 年以色列军队包围贝鲁特时，沙龙担任指挥。他在贝鲁特设置了一个由 70 人组成的特务网，其中 40 人被指定专门暗杀阿拉法特。他们每个人都配有最尖端的密码和比香烟盒还小的最新式发报机。当时，沙龙曾 13 次指挥战机轰炸阿拉法特的办公室和住宅，并采用了其他一切可以采取的手段，决心将阿拉法特置于死地。但阿拉法特凭着智慧和勇敢，一次次死里逃生。

被软禁中不忘感谢友好中国

从 2001 年 12 月开始，阿拉法特一直没有见到他的妻女。他一直被软禁在位于约旦河西岸城市拉马拉的官邸中。这座官邸多次遭以色列空袭、炮击和坦克破坏，到处是断壁残垣和碎石瓦砾。阿拉法特的活动空间很小，除了办公和会客外，他还住在这里。

阿拉法特在这样的环境中形成了适合自己的生活规律。这位老人每天清晨4时起床，先诵读《古兰经》，再看阿拉伯文和英文的报纸。随后稍稍休息一下，开始锻炼身体。他的锻炼方式因受条件所限，显得非常简单，在狭小的室内空间活动活动手脚，骑一会儿自行车。在以色列围困稍有放松的情况下，他在贴身警卫保护下走出办公楼，坐在废墟中晒晒太阳，呼吸一下新鲜空气。早晨六点半左右，他开始用早餐。阿拉法特的生活本来就俭朴，被软禁后的生活就更加俭朴。吃点芝麻面包加奶酪和鸡蛋，喝点果汁和蜂蜜的红茶，就是他惯用的早点。然后他开始工作，直到下午两点半才用午餐。他一般不单独用午餐，通常都与到访的客人和共事的助手共进午餐。下午睡一会儿觉，他又继续工作，晚上十点之后用餐，晚餐多为清淡的食品和水果蔬菜。他睡眠很少，每天最多睡五小时，其余时间几乎都是工作。这对于古稀老人来说，实属不易。

2003年，我应约撰写《凤凰涅槃中的阿拉法特》，巴勒斯坦驻华大使扎卡利亚将我写好的部分章节，反馈到阿拉法特在拉马拉的官邸。同年11月28日，扎卡利亚大使紧急约见我说，阿拉法特知道这些情况后感到非常高兴。他委托扎卡利亚大使转告我，在巴勒斯坦事业处于困难时刻，他没有被人遗忘，尤其令他感动的是，还有人为他写书。为此，他特意委托巴勒斯坦驻华大使转达他本人对我的致意。阿拉法特说，他仍然记得我，记得他与我在友好中国驻阿拉伯国家使馆和在北京会晤。

《凤凰涅槃中的阿拉法特》一书出版后，阿拉法特于2004年1月23日向我发来一封亲笔信，对我深表谢意。

阿拉法特去世后，我就阿拉法特专题做了一些报告，写了一些文章。发表在《人民日报》上的文章题为《此情无奈成追忆》。是的，斯人已去，有关这位传奇人物的传奇色彩只能成为追忆。

作者小传

时延春，1942 年 2 月出生于山东枣庄，山东章丘人。1965 年毕业于北京外国语学院阿拉伯语系。中国前驻也门、叙利亚大使，中国阿拉伯交流协会副会长，在其外交生涯中，曾经 3 次接受外国元首授予的勋章。

紧急夜访波兰外交部

◎文并图 / 刘彦顺［前驻波兰大使］

我在我国驻波兰大使馆工作期间，去波兰外交部办事、拜会、会谈，出出进进是常有的事。究竟去过多少次，从来也未统计过。但半夜三更敲响波兰外交部的大门，夜访波兰外交部却只有两次，我记得十分清楚。为什么白

1994 年 10 月 1 日，中国驻波兰使馆国庆招待会上，作者（左二）与波兰副外长希曼斯基（左四）愉快交谈

天不去夜里去？如果没有又重要又紧急的事，双方谁也不会做这种既劳神又麻烦的事。

首次夜访

第一次夜访波兰外交部是1964年4月的一天夜晚，是波兰外交部主管司打电话约见使馆官员。

当时发生了巴西政变当局无理逮捕九名中国工作人员这一震惊世界的事件。这九位同志在巴西从事商贸工作，筹备展览会和进行新闻报道工作。由于我国同巴西还没有建立外交关系，他们被扣后，我方难于获得真实可靠的信息，营救工作面临重重困难。正在这紧急关头，波兰政府伸出了友谊之手，为营救这九位同志，做了大量的工作。波兰运用它同巴西的外交关系，帮助我们构筑起一条信息渠道：巴西（波兰驻巴西大使馆）——华沙（波兰外交部和中国驻波兰大使馆）——北京（中国外交部）。其中，华沙是信息的中转站。波兰外交部经常向我驻波使馆通报有关九位同志在狱中坚持斗争的情况和巴西军人集团内部对事件的处置意见。

那天夜里，宿舍的值班电话铃声响起，是波兰外交部主管司的处长古拉先生紧急约见使馆办公室主任张占武一秘。我作为翻译，陪同张占武同志立即赶往波兰外交部，在深夜中敲响波兰外交部大门。古拉先生亲自在门厅等候并引领我们进入他的办公室。没有多少寒暄，谈话直奔主题。他转述了波兰驻巴西使馆报告的有关情况，说我九位同志正在进行斗争，反

中国驻波兰大使馆大楼

对国民党特务的策反活动。我清楚地记得谈话中的一个细节，当时古拉说有一个姓 Wu 的华人，如何在狱中狱外进行活动。为了避免差错，古拉说，他知道中文有同音字，“这个 Wu 字的中文写法是口字下面加一个天字”。古拉强调情况重要，要我们迅速转报北京。最后古拉还有礼貌地说，“之所以深夜约见，是因为事态紧急，请勿介意”。

围绕营救我九同志事，我驻波使馆同波兰外交部主管司之间的来来往往十分密切，但深夜通报，仅此一例。波兰外交部这种争分夺秒的工作作风和友好态度给我留下了深刻的印象。

经过一年的多方努力，营救工作取得了圆满的结果，1965 年春九位同志胜利回到北京。在营救工作中，波兰外交部向我们提供了许多信息，波兰驻巴西大使馆还盛情接待了我赴巴西探视的被扣同志的家属。对波政府提供的种种帮助，陈毅副总理兼外长专门致信波兰外长拉帕茨基表示了感谢。

再访缘由

第二次夜访波兰外交部是三十年后的 1994 年 3 月 9 日 0 点 30 分，名副其实的三更半夜。这一次是我作为驻波兰大使主动向波方提出会见副外长的要求。

是什么事情促使我采取这一行动呢？话要从日内瓦人权会说起。

自 1990 年第 46 届人权会开始，西方反华势力妄图利用所谓的人权问题，向我国施加压力，幻想以压促变。美国和一些西方国家每年都提出反华提案，但在我方坚决反对下，始终未能列入会议议程。波兰作为人权会的成员国，几年来一直站在西方国家一边，对我方针对反华提案提出的“不采取行动的动议”投反对票。进入 1994 年，时值帕夫拉克总理当政，他赞同上届政府调整对华政策的做法，主张进一步发展同中国的友好合作。但他在涉我人权问题上究竟会采取何种态度，会不会有所变化，不能不引起我的关注。

1994年在第50届人权会议上，美国和西方一些国家再次提出反华提案。一场尖锐复杂的斗争又开始了。我根据国内的指示，本着多做工作的精神，从2月底到3月初六进波兰外交部，一进波兰总理府，先后会见副外长姆罗杰维奇、希曼斯基和副国务秘书维乔尔凯维奇等人，向他们阐述中国的立场，争取波兰以中波两国关系大局为重，伸张正义，支持中国。

1994年波兰总理同作者夫妇交谈

在人权问题上，中波之间的看法并不完全一致，这是毋庸讳言的。但同我交谈的副部长们，说话比较实在，也没有一下子把门关死。他们一方面表示理解中方的立场，一方面也希望中方理解波方的难处。他们形象地把波兰比喻为一块放在铁锤和铁砧之间的被敲打的铁，说一些西方国家大使来找外交部要求支持，中国大使也来找外交部要求支持，两面夹击，怎么办？他们认为，在世界舞台上中国是起着重要作用的大国，中波两国关系也不错，中波两国应加强合作，包括在国际舞台上的合作，波兰对中国的要求不能不有所考虑；但波兰要回归欧洲，争取加入欧盟，又不能采取与西方截然相反的立场。他们表示，要善意地审慎地对待中国的立场。我要求他们说明“善意”的含义，他们不愿做出正式的具体的说明，只表示波兰外交部将深入研究并报告政府领导。

门没关死，还有做工作的空间。我反复琢磨“善意”、“包括国际舞台上的合作”以及传闻的“双弃权”（即对西方提案和中方动议均投弃权票）这些从不同渠道得来的信息，估计波方确实在“深入研究”应对方案，有可能采取与往年不同的做法。使馆下一步工作的主攻方向，一是要尽一切努力，争取波兰最大限度的支持；二是要在人权会表决之前，争取获得波兰官方以明确语言表达的立场。

情况突变

3月7日上午，我按国内指示，再次约见希曼斯基副外长。我计算了一下时间，距人权会表决只剩下了两天，可做工作的实在时间不多了。我要使馆礼宾秘书向波方提出“紧急会见”的要求。但副部长的秘书回电话说，“副外长的日程已经排满，如果大使一定要会见的话，只能安排在下午下班时间了”。此时此刻是分秒必争的时候，下班时间也是工作时间，使馆礼宾秘书当即回答，可以。于是我焦急地等了几个小时，下午4时，急忙前往波兰外交部。

我的目的，一是向波方通报中方了解的人权会各方的有关情况，二是摸清波方的态度，希望希曼斯基副外长以明确的语言表明波方立场。希曼斯基很有礼貌，说他刚从议会返回外交部，过一会儿还要再去议会，所以推迟了会见的时间。我向他通报了有关情况以及中方的立场和希望，他表示感谢，然后讲了波兰的态度。看得出此时的希曼斯基已经是胸有成竹了。他说：“波兰已经成为欧盟的联系国，条件不允许波兰走得太远，因此对中国的‘不采取行动的动议’只能在表决时投弃权票。”他强调，“这同去年（投反对票）相比已经是根本性的变化了”。他做了明确的表态，我表示谢意，说下班后还打扰了他。他笑着说，“我们都为自己的国家服务，我只做了我应该做的事，是服役不是友谊”。他用波兰官场上的这句套话，也就是公事公办啦，结束了这次会见。

回到使馆后，我立即将希曼斯基的表态，报告国内和我驻日内瓦代表团。我想，这个信息对正在日内瓦昼夜奋战的同事们会有一定的帮助，心中的一块石头好像落地了。

但情况总是千变万化的，凡事不能掉以轻心。3月8日，我驻日内瓦代表团觉察到波兰态度有变，波兰副代表对金永健大使说，波兰对中国的“不采取行动的动议”将投反对票。金永健大使建议在华沙再做工作。从字里行间我感到了金永健大使急切不安的心情，我也产生了一种危机感。为什么波兰副外长对我说投弃权票，波兰副代表对金大使说投反对票呢？是华沙的指示尚未下达到日内瓦，还是波兰驻日内瓦代表团试图改变华沙的决策，还是华沙又有了什么变化？

我立即召集使馆有关同志研究对策，已经是夜里10点多钟了，有的同志主张留待第二天上班时再办。理由之一是这么晚了，很难约见波兰外交部什么人；理由之二是只看到金大使的建议，尚未接到国内的指示，没有对外谈话的口径，说什么，怎么说，莫如再等一等。听起来这两个理由都站得住脚，没什么错，也有助于我深思和慎行，对外交涉应严格地遵守外交部的请示汇报制度。

但我想，如果时间充裕的话，我自然会采取这种稳妥的做法，先请示，后行动。可人权会表决的期限正在步步逼近，距表决的时间大约只剩下12个小时了，身处第一线的我，能坐等国内指示而失去做工作的最后一次机会吗？如果拖到第二天上班，等接到国内指示后再约见波兰外交部；如果波兰外交部再推迟安排会见的时间，那么很可能会贻误战机。如果日内瓦已经开始表决或者已经有了表决结果，那再好的口径不也会成为马后炮了嘛！因此我认为，“留待第二天再办”，这是按常规办事，固然稳妥，可以避免大使个人犯这样或那样的错误。但在关键时刻，如不争分夺秒，一旦贻误战机，则可能给国家利益造成损害，甚至影响两国关系。我考虑再三，认为在非常时刻，只能按非常规办事。我决定立即紧急约见希曼斯基副外长，要在电话中向波方明确表示，要求在午夜24点之前会面，做到今日事，今日毕。

夜访细节

夜里同波兰外交部联系工作确实是一件很不容易的事。先是外交部值班人员挡驾，说副部长已经下班，无法联系。这样的答复，本在意料之中。于是使馆礼宾秘书根据预定方案，再次打电话给外交部值班人员，请他继续协助联系，同时又打电话给平时与使馆工作联系密切的主管司官员，请他向希曼斯基副外长紧急反映情况。

使馆礼宾秘书是一位刚参加工作不久的年轻同志，他波文口语流利，也能较好地理解领导意图。这是他第一次在夜里同波兰外交部联系工作，他尽职尽责机警地守候在几部电话机前。快到午夜24点时，电话铃响了，波兰外交部值班人员通知说，“希曼斯基副外长同意会见。但只能安排在0点30分，因为他从家里赶到外交部还需要一些时间”。

副外长把会见时间向后推迟半小时，是可以理解的，我并不介意。3月9日0点25分，我提前5分钟来到了波兰外交部。一路上所见同三十年前第一次夜访波兰外交部的情景几乎一模一样，街上静悄悄的，没有行人，也没有车辆。外交部的大门紧锁着，我按响了门铃。大门敞开了，主管司的官员立即迎上前来，并陪同我走进二楼副部长的办公室。

我向希曼斯基副部长表示歉意和说明来意。我说“深夜约见实在令人不安。但我从日内瓦得到的消息迫使我不能不这样做”。我一边说一边注意观察希曼斯基的反应，他没说什么，只是做了一个手势，请我喝他事先准备好的咖啡。我强调说，“中波两国的友好合作关系本来很好，假如因为我反应迟钝而受到不应受到的损害，我会感到十分歉疚和遗憾。我是为了维护中波两国良好的关系而前来打扰副部长的”。接下去我向他转述了波兰副代表在日内瓦同金永健大使的谈话情况和我方的态度，提请他注意为什么会发生这样的事情，是波兰外交部尚未下达指示，还是另有他因？我再次表示希望波兰以两国关系的大局为重，不要对中国的动议投反对票。

希曼斯基注意听取我的陈述，神态严肃，不插话，也不愿多讲，只说了一句，“波兰的立场没有变化”。

“副部长7日说投弃权票，副代表8日说投反对票，两者截然不同，不知‘没有变化’应如何理解？”我要求希曼斯基说明“‘没有变化’的具体含义究竟是支持、弃权，还是反对？”

室内一片寂静。希曼斯基低着头用小勺搅拌杯中的咖啡，似乎在想什么，时间也好像凝固了。过后片刻，他说出了两个字：弃权。

他强调这就是波方的立场，我感谢他深夜会见。

离开希曼斯基的办公室，主管司的官员对我说，“波兰副代表说的话不能算数”。车子在空旷的街道上飞驰。我回味会见时的情景，始终有一个解不开的谜团。波兰副代表是“不算数”地随便说说，还是有意识地刺探我之虚实？是个人行为，还是奉命行事？

为什么会节外生枝？我觉得其中必有奥妙。但我相信，我采取的行动，深夜的紧急约见，表达了中方的坚定立场和坚决态度，这肯定会有助于波兰的决策者下定最后的决心。

投票结果

3 月 9 日下午，希曼斯基副外长紧急约见我去外交部，我立即前往。希曼斯基显得轻松，同夜里相比，判若两人。见面后他笑着说：“祝贺，中国取得了成功！”

他向我通报了人权会对中国的“不采取行动的动议”的表决结果：赞成票——20，反对票——16，弃权票——17。波兰投了弃权票。我对波兰的善意表示感谢。他说：“大使先生你知道，波兰走出了这一步很不容易，现在波中两国该是进一步加强经贸合作的时候了。”

一周后，我根据国内指示再次走进波兰外交部同希曼斯基会面。我以中国政府的名义，向波兰表示感谢和赞赏，称赞波兰表现出坚持正义的勇气，顶住了外来的巨大压力，自主地做出决定。波兰的行动是对中国的宝贵支持，有利于中波关系的进一步的发展。同时我还以个人的名义，再次感谢希曼斯基多日来的友善与合作。我把他讲过的那句套话略加改动，对他说：“副部长说过我们都是为自己的国家服务，‘服役不是友谊’，但我觉得我们之间的相互交往，具有一个突出的特点，这就是‘服役加上友谊’。”他听后非常高兴，站起来同我紧紧握手。“对，大使说得对，我们是‘服役加上友谊’”。

时隔30年，两次夜访波兰外交部，给我留下的记忆是深刻的。当我回忆这段往事的时候，我感到无比的愉悦和美好。在中波长期友好合作的历史长河中，我参与的事只是几朵小小的浪花。而那长江后浪推前浪的壮观景色，一再展现在中波两国人民面前。特别是进入21世纪以来，中波两国关系又上了新的台阶，由合作伙伴关系上升为战略伙伴关系。2011年冬科莫罗夫斯基总统访华和2012年春温家宝总理访波，为中波两国人民的传统友好与合作锦上添花，构筑了通往美好未来的桥梁。在回首往事时，我认为，这是最最令人感到高兴的。

作者小传

刘彦顺，1933年生于黑龙江省。1953入学北京大学哲学系。1954年赴波兰留学，就读于波兰外交学院。1958年进入外交部，先后在我国驻波兰革但斯克总领事馆、驻波兰大使馆、外交部苏欧司和欧亚司工作，曾任驻波兰共和国大使。退休后，参与编纂《中国外交辞典》和《世界外交大辞典》，任常务编委（欧亚部分主编）。中波友好协会理事，中国外交史学会理事。著有《山河湖海话波兰》、《波兰十月风暴》、《白鹰美人鱼之国——波兰》等。

中苏关系：从山重水复到柳暗花明
——见证邓小平与戈尔巴乔夫的历史性会见

◎文并图 / 李景贤［外交部苏欧司原副司长、前驻俄罗斯使馆公使］

从上世纪60年代初到90年代末，笔者在外交部工作了38年，其中20年在本部，18年在4个驻外使馆，从随员到公使、大使，借句军语来说，可谓从“士兵”升到“将军”，之后再任“元帅”。我有幸目睹中国、苏联、俄罗斯、格鲁吉亚、乌兹别克斯坦等国主要领导人的风采，亲历过许多重大事件，但见证邓小平与戈尔巴乔夫的历史性会见，才是终生最引以为自豪的。

中苏关系由冷转暖

从中华人民共和国成立到苏联解体，中苏关系经历了42年零86天的风风雨雨、阴晴圆缺。世界上两个最大的社会主义国家，从10年全方位友好，到10年意识形态对立，再到10年军事对抗，直至兵戎相见，双方的伤亡都很惨重。由于“冷战”转入“热战”，盟国成了敌国，“本是同根生”，却“相煎”一二十年，双边关系几乎陷入“山穷水尽”的绝境。

到了20世纪70年代末，中国、苏联的最高领导人邓小平、勃列日涅夫，从各自国家的根本利益出发，不约而同地开始思考如何缓和绷得过紧的中苏关系。1982年3月24日，勃列日涅夫借举行一个庆典之机，选择离中国不远的塔什干公开发表讲话，改善对华关系是其核心内容。邓小平一下子就听出了勃列日涅夫讲话的弦外之音，指示外交部立即作出反应。为此，时任新闻司司长钱其琛举行了新闻发布会。他虽只讲了短短三句话，总共才77个字，但讲得很妙，给人留下了不少回味的空间。与中方对苏方立场长期持"揭"、"批"、"顶"、"斗"的态度截然不同，经邓小平审定的这三句话把落脚点，放在要看苏方的"实际行动"上。从此，中苏双方开始长达将近10年的两国关系正常化磋商。双方慢慢地相向而行，两国关系"绝处逢生"便露出一点曙光。

经过邓小平与苏联四任最高领导人的共同努力，"山重水复"达一二十年之久的中苏关系，终于迎来了"柳暗花明"。中苏双方商定：苏共中央总书记、苏联最高苏维埃主席团主席戈尔巴乔夫，将于1989年5月中旬访问中国，与邓小平举行会见，这标志着中苏关系正常化的实现。

对几个问题的处理办法

一、对苏联人仍以"同志"相称

1989年初，钱其琛外长交给我们一项任务：戈尔巴乔夫访华时，对于苏方人员的称呼办法提出意见。在中国革命取得胜利之前与之后，中共与苏共均以"同志"相称，毛泽东曾诙谐地说过，我们同苏联人是一家，都"姓马"（指信奉马克思主义）。但从上世纪60年代中期开始，中苏两党两国关系就严重恶化了，对苏联人是否仍以"同志"相称，便成了一个敏感的政治问题。我们反复研究后认为，对苏联人还是可以用"同志"相称，因为苏联仍然是个"社会主义国家"。

邓小平会见戈尔巴乔夫时，在讲完"结束过去"后说："目的是让苏联同志们理解我们是怎么认识‘过去’的。”1991年8月25日，戈尔巴乔夫宣布辞去苏共中央总书记的职务，便成了我们称为“同志”的最后一位苏联最高领导人。

二、与苏联人见面时“不拥抱”

谈及与戈尔巴乔夫访华有关的问题时，邓小平曾特别交代：与苏联人见面时，只握手，不拥抱。我当时领会，老人家这个指示很有深意，它不是一个简单的礼仪问题，它具有明显的政治色彩。“不拥抱”这三个字，形象地勾勒出中苏关系未来的定位：睦邻友好合作，而不是20世纪50年代的那种结盟“抱团”。

我们把“不拥抱”这一提醒，特意透露给苏联驻华大使馆，特罗扬诺夫斯基大使立即将其报告了戈尔巴乔夫本人。戈尔巴乔夫见到邓小平时，确实没有忘记这一“提醒”，只与这位中国最高领导人握手。不过两人握手的时间相当长，有位朋友看电视实播时掐着手表算了算，整整35秒钟。

三、口译工作的特殊安排

1989年元旦一过，钱其琛外长就对我说，苏联外长谢瓦尔德纳泽2月初来访时，邓小平要见他，可考虑安排一位精通俄语、经验丰富的老同志当翻译，同时也让一位年轻有为的翻译在场“见习见习”。他还指定了这两位高翻的人选。

大约在3月下旬，钱外长又特地把我叫到办公室，说邓小平2月初与苏联外长交谈时，听苏方主翻百订林讲的汉语感到比较费劲。他让我想个办法，使老人家会见戈尔巴乔夫时，听对方的话不再感到费劲。我当即提出了两种方案：

一种方案是：邓小平说的话由苏方译员翻，戈尔巴乔夫说的话则由我方译员翻。这种口译方法最大的好处是，一方领导人听本国译员用母语翻，容易弄得明白，在50年代初并不罕见，但后来很少用了。况且，我担心苏方译员译邓小平的话时，翻得不够全面，也不够准确。

另一种方案是：中苏两位最高领导人所说的话，由我方译员一个人翻译。但苏方未必会接受这种办法，因为在国际上有条不成文的“规定”，大国领导人相互交谈时，如遇语言不通，则“各翻各的”（由本国的译员翻译本国领导人所说的话）。在近20年中苏会见、会谈的口译实践中，都是这样做的，无一例外。

钱外长赞成后一种方案。他说：要努力与苏方人员沟通好，讲清楚这是“一次性的特殊安排”。我与苏方人员几经沟通后，对方终于对这种“一次性”安排的“特殊性”表示理解和尊重。于是，钱外长便指定外交部俄语界的后起之秀宫建伟作为邓戈会见的唯一翻译。邓戈会见前，苏方主翻百订林在东大厅见到我时，故作怒状，操着一口并不生硬的京腔说：“我知道是你这小子使的坏，剥夺了我今儿在头儿（指戈尔巴乔夫）面前显摆（指当翻译）的机会！”

中苏关系“半正常化”

在戈尔巴乔夫访华前，中苏两国外长进行了互访，为这次访问做准备。1988年12月2日，在莫斯科克里姆林宫，入主克宫近4年的戈尔巴乔夫，显得有点春风得意，滔滔不绝地与往访的钱其琛外长谈，其中一句话最有分量：“对于苏中之间过去发生的一些事情，苏方感到也有过错。”我在场听见此话，甚感意外与惊讶。苏联最高领导人一共有七位，其中正式向我方承认在对华关系中有过错的，此前只有斯大林一人。此举自然受到中国最高领导层的重视。

1989年2月4日，邓小平以中央军委主席身份，在上海会见来访的苏联外长谢瓦尔德纳泽时，说出了已经成为“世纪经典”的八个大字：“结束过去，开辟未来。”我在场听到这句言简意赅的话，真乃兴奋、羞愧、佩服“三味杂陈”：我们为他老人家写了许许多多参阅材料，洋洋洒洒一两万言，却顶不上这再普通不过的“八字组合”！

邓小平有个机智的小幽默，也让我印象深刻。在会见中，苏联外长提出，戈尔巴乔夫拟于5月中旬访华，称与钱其琛外长已经谈了这个问题。他显然是打了个马虎眼，想让邓小平先确认戈访华的日期，使之成为既成事实，以避开苏方依然感到有点棘手的一些问题。但老人家已从陪见的钱外长那里得知，双方在某些问题上分歧仍较大，尚未商定此访日期，便识破了这个小计谋，轻描淡写地说：这个事儿由你们两位外长继续谈，“我听你们指挥”！

邓小平与戈尔巴乔夫夫妇合影

打上“历史性”印记的邓戈会见

邓小平与戈尔巴乔夫的会见，定于5月16日10:00在北京人民大会堂东大厅开始举行。9：35，邓小平在女儿萧榕（即邓榕）的陪同下来到了东大厅。他频频举手、点头向在场的中方人员致意。他老人家都快85岁了，可精神还是那么矍铄。邓小平安详地坐着，话不多，但有一句我一直记得。老人家告诉大家：请人给戈尔巴乔夫带口信以来，在这3年多时间里，“就想着今天怎么样跟他谈”。遵钱外长之嘱，我除了要一字不落地记录邓小平与戈尔巴乔夫的谈话外，还要记下老人家在会见前的内部谈话内容。我这是第一次“零距离”站在这位伟人的身旁，感到无比兴奋与自豪。望着他那安详的面容，我心里在想，老人家也许在这最后一刻，还在思考着过一会儿“怎么样跟他谈”。

9：45，贵宾车队离开国宾馆18号楼（俗称“总统楼”）。礼宾司司长江康根据“砖头”步话机传来的信息，不断地向站在会见大厅正门内侧的邓小平，报告着贵宾车队来人民大会堂的“行踪”。我站在他的身边，只听得老人家频频地说：“噢，出钓鱼台啦，好！”“噢，过西单啦，好！”萧榕两次对

戈尔巴乔夫走出舱门

老人家说：与戈尔巴乔夫握手的时间最好长一些，好让记者们拍电视、照相。

9：55，车队过了六部口。我们在东大厅的人员被告知：从此刻起，中央电视台开始向全世界直播邓戈会见的实况，要大家注意举止仪容。这种电视直播在我外交史上尚属首次。

10点差一两分钟，邓小平破例到东大厅正门外迎客。此时，已在那里等候多时的中外记者，黑压压地一大片站在又宽又高的大梯子上，有些人的脑门儿几乎顶到离地面足有八九米的天花板。

10：00，戈尔巴乔夫来到邓小平跟前，中苏两位最高领导人的手握在了一起。一二百盏镁光灯顿时乱闪成一大片“银色火海”。

10点过了三四分钟，宾主入座。邓小平安详地坐着，开门见山地指出：“我们这次会见的目的是八个字：‘结束过去，开辟未来’。”还说：现在结束过去，过去的事情完全不讲恐怕也不好，“总得有个交代”；对于中方的看法，“不要求回答，也不要辩论”，“可以各讲各的”；历史账讲了，这些问题就“一风吹”，“把重点放在未来”。

邓小平扼要地回顾了列强侵华的历史之后，花了四五十分钟时间，着重谈中俄、中苏关系，回顾了近一二百年来两国关系的演变。他谈及60年代的中苏论战时，说自己是“当事人”之一，“扮演了不是无足轻重的角色”，经过20多年的实践，回过头来看，“双方都讲了许多空话”，“现在我们也不认为自己当时说的都是对的”。对于这场大论战的是非，我国从未作出过正式表态。邓小平这次代表我们国家首次作出了这样的评价。我当时听到后顿时为之一震，亲身感受到老人家的实事求是和光明磊落。“现在我们也不认为自己当时说的都是对的”——我认为，这句断语意味着毛泽东在与赫鲁晓夫那场“真假马列”大论战中，有些话说得并不对，批“赫鲁晓夫修正主义”就批错了，因为邓小平改革开放的许多做法，与毛泽东当年狠批“赫鲁晓夫修正主义”的立意，完全是两码事。

12：00，会见已进行了整整两个小时。邓小平此时谈兴正浓。过了大约四五分钟，萧榕递上了一张纸条。我坐在老人家后面的椅子上，纸条上写的五六个字看得一清二楚。女儿这是在提醒父亲：会见的时间已过。但老人家连看也没有看一眼，就把条子推到了茶几的一边，继续兴奋地谈着。可以感觉得出来，萧榕等人在那里干着急，紧接着还有四场大活动呢，而且还是一环紧扣一环：下午 1 时邓小平午宴，2 时戈与中国总理会谈，5 时与中共中央总书记会谈，7 时总书记晚宴。

12 : 20，萧榕又递上了一张纸条，提出午宴时再边吃边谈。老人家还是没有理会，继续兴奋地谈着。只是大约过了 10 分钟之后，邓小平才拿起一张条子看了看，略带歉意地说："哦，时间过了，人家在催我呢！好吧，现在就吃饭去，好在等一下子还可以边吃边谈。"

12 : 30，中苏高级会见结束，历时两小时又 30 分钟，比原定的"超长"会谈时间还超出了半个小时。

写到这里，我还想略为介绍一下戈尔巴乔夫的当场表现。他进入东大厅后，一边落座，一边打开随身带的手提箱。一支笔突然从箱内掉落在地，发出小小的响声，我坐在他的后面听得一清二楚。他对这个小"闪失"显得有些尴尬，连忙弯下腰去捡起那支笔。见此状，我不由得一笑：在邓小平这位"历史巨人"面前，紧张乃人之本能。戈尔巴乔夫定了定神后庄重地说："我们政治局全体都赞同您那句著名的话（即'结束过去，开辟未来'）。"坐在邓小平这位曾震撼过全世界的"传奇人物"身旁，戈尔巴乔夫的崇敬之情油然而生。他一直聚精会神地听老人家在讲，不时边听、边记、边点头，连连说："对"，"是的"，"同意"，"完全赞同"。看着坐在前面只有半米远的戈尔巴乔夫，我在脑子里突然闪出了这么一句：在一位 85 岁高龄的长者跟前，一个 58 岁的"后生"毕恭毕敬！后来，我听一位苏联朋友说，在钓鱼台国宾馆，出发去见邓小平之前，戈尔巴乔夫对陪同的苏方官员说，他是作为一个"晚辈"，去见一位"长辈"的，要"多听少说"。

会见当天晚上，我立即将邓戈交谈内容还原成会谈记录。记录整理出来后回过头一读，感到这是一篇绝妙的文章。它立意高远，大气磅礴，论证充分，结论中肯，逻辑性强。每个字，每句话，宛如照片上扫描出来的每一点、每条线，都早已“照相制版”，“刻印”在老人家脑海里（借用季羡林赞姜椿芳语）。谈话中所提到的大量中外史实，时间、地点、国别、事情经过，样样都极为准确。这篇“文章”不是写出来的，也不是照稿读出来的，而是“即兴”讲出来的，这位中国领导人当时手头连一张小纸片都没有。我精确地算过，当天自己站在和坐在他老人家旁边的时间，总共有两小时55分钟，这是一生最大的光荣。

作者小传

李景贤，广东开平人。1939年2月出生。1956年至1963年在北京俄语学院、北京外国语学院俄语系本科、研究生班学习。1963年9月入外交部工作。2001年9月退休，外交笔会会员。在外交部工作了20年，曾任：苏欧司副司级参赞、副司长；欧亚司副司长、公使。在驻苏联、俄罗斯联邦、格鲁吉亚、乌兹别克斯坦使馆工作了18年，曾任：驻俄罗斯使馆公使；驻格鲁吉亚大使；驻乌兹别克斯坦大使。

总统教我垂钓大西洋

◎文并图 / 陈来元［前驻莱索托和驻纳米比亚大使］

纳米比亚前任总统努乔马曾长期领导纳米比亚，是纳米比亚党政军最高领导人，也是非洲大陆最资深的领导人之一。他曾14次访华，是深受中国人民尊敬和爱戴的老朋友。他对中国人民怀有特殊的友好感情，我在担任中国驻纳米比亚大使期间，对这一点有十分深刻的体会。

成为大使中唯一受邀者

我是2000年8月初赴位于西南非洲、盛产钻石的纳米比亚履新的。我在纳米比亚任职期间，努乔马总统一直把我当做自家人，给了我许多特别关照，使我一次又一次地享受了其他国家驻纳米比亚的外交使节想也不敢想的殊荣。记得他特别关照我的第一件事，发生在我向他递交国书的四个多月后，他通过总统府的典礼官盛情邀请我在当年圣诞节期间到纳米比亚西北部的特雷西湾海滨去度假休闲，与他一起钓鱼。为此，典礼官向我表示祝贺，告诉我说总统在各国驻纳米比亚的外交使节中就邀请了我一人，没有其他人的份。

一位国家元首在节假日仅邀请一名外国驻该国外交使节去度假胜地与其共欢同乐，这在世界外交史上我不敢说绝无仅有，但恐怕也是极少见的。各

努乔马总统给作者演示垂钓技巧

国常驻纳米比亚的外国使节有好几十位，常驻南非兼驻纳米比亚的外交使节也有好几十位，而努乔马总统却不邀请其他任何人，而只邀请我一人。我想这并不是因为我个人有多大能耐或魅力，比别国的外交使节都强，而是因为中纳两国是全天候朋友，有着不同寻常的传统友谊和非常亲密、友好的新型伙伴关系。努乔马总统这是把他对中国和中国人民的深厚感情倾注到我身上来了。然而，努乔马总统邀请的中国大使是我，这对我个人来说，无疑是一次难得的经历和一种莫大的光荣。

一声“同志”倍感亲切

12 月 23 日下午 4 点半，我和我的随行人员驱车到达离首都温得和克 800 多公里的特雷西湾总统海滨别墅。总统府的典礼官立即将我迎往早已为我准备好的客房。房间窗明几净，清洁整齐。我放下行李，准备去卫生间梳洗一下，以便由典礼官引领去拜见总统。正在这时，忽听得门外传来总统说话的声音："大使同志，你好！""你好"二字是用中文讲的，熟悉而亲切。我知道这是总统主动看我来了。我连忙迎了出去说："您好，总统阁下。"只见总统笑吟吟地走近我，拉着我的手说："欢迎你啊，大使同志。"我对总统盛情相邀表示衷心感谢，对他亲自跑到我房间来热情迎接我，表示受之有愧。总统连忙说："大使同志，你不要客气，你是我邀请来的客人，住在我这里，我们就是一家人，你看这多好啊。"

"你好"、"同志"、"一家人"，多么温暖、多么亲切的话语，这使我顿感宾至如归。接着，总统又查看了我住的客房。当我告诉他一切"OK"时，他满意地笑了。随后，总统请我到他的客厅叙谈。我落座后，总统拿出南部非洲特产的野果酒，与我一起干杯。不久，第一夫人科万博·努乔马也来到客厅，与我们一起碰杯，互致问候，谈天说笑，其乐融融。

总统亲自讲解钓鱼要诀

我们的休闲活动主要是到大西洋钓鱼。我不善垂钓，以前只在小河、小池塘、小湖边用带渔漂的钓竿钓过，因技术不佳，收获甚微。至于用海竿在大西洋钓鱼，对我来说是大姑娘坐花轿——头一回。现在我虽手里拿带着渔轮的钓竿站在大海边，但如何操作、如何掌握垂钓要领却一点也不知道。总统一眼看出我是个外行，便走到我身边，让我把顶住渔竿的皮套系在腰间，再将钓竿插进皮套里，用左手握住，右手则握着渔轮。然后他把自己的渔竿插进腰间的皮套里，左手握钓竿、右手握渔轮给我做示范。

他边做边讲解，要我注意并掌握三个要点：一是要将握钓竿左手的拇指搭在线绳上，以凭手感判断鱼是否咬钩。因为这种钓竿的线绳上没有渔漂，垂钓人只能凭渔线突然被拉紧的感觉判断鱼已经上钩。二是在无鱼咬钩时，右手要轻摇渔轮，让鱼饵在水中慢慢移动，从而吸引鱼的注意力并引诱鱼上前扑食咬钩。三是左手感到有鱼咬钩时，两只手要密切配合，动作协调地扬一两下钓竿，以便使渔钩钩住鱼嘴。但动作要果断、快捷，力量要适中。用力过轻，不易钩住鱼嘴；用力过猛，又可能将鱼嘴钩豁了，让鱼逃脱。

我对总统耐心讲解、手把手地教我钓鱼表示十分感谢。接着，我就照着总统教的方法去做，果然立见成效。不一会儿，我就钓到了一条近五斤重的非洲大黄鱼。总统见状，笑着高声叫“好”，又鼓掌祝贺我开钓成功。周围的人也跟着鼓起掌来。接着，我一连钓了十几条鱼，每条二三斤或四五斤不等，有两次竟一竿两钩同时钓起了两条鱼。此时，总统及周围的人再次向我鼓掌叫好。尽管我的技术不佳，让不少咬钩的鱼吓跑或脱钩，但这一天，我和我的随行人员一共钓了三十多条大鱼。

总统自称老渔翁

在场钓鱼的人除总统夫妇和我外，还有总统的一群孙子、孙女及随行人员。大家在海岸边一字排开，有关工作人员则帮总统一家和我甩钓竿和装鱼饵。说起甩钓竿，却是个技术活。会甩的一甩就是几十米远，不会甩的任你力气再大也甩不出去。总统府的工作人员中有个名叫卡尼米的中年汉子专门负责甩竿。别看他个头不大，却一甩就能将系着铅坠子并装了鱼饵的渔钩甩出四五十米远，越过翻滚着的白浪落到远处较平静的水中。另几名工作人员则负责帮总统一家人和我装鱼饵。因渔钩很大，鱼饵很难被钩牢在渔钩上，因此他们用小刀将小巴鱼的肉割下来，再用线绳捆在渔钩上。不管甩竿的还是装鱼饵的，他们一个个都忙得不可开交。

我和总统并排坐在岸边的小凳子上，一边等鱼上钩一边聊天。总统对我说：“在海边钓鱼是一种很好的休息，也是一种很大的乐趣。每逢过圣诞节我都要带夫人和孙子孙女们到海边来钓钓鱼。我的孙辈们不但也和我一样喜欢钓鱼，而且个个都是钓鱼能手。”正说着，他的一个名叫安纳斯塔西娃的小孙女一竿就钓上来两条大鱼，大家都为她高兴得直拍手。总统的夫人和其他孙子、孙女也不示弱，只见他们不停地将一条条鱼钓上钩，再拖上岸来。当然，钓鱼技术最高的还是总统本人。他自称是一名老渔翁，哪里鱼多，哪里鱼少，哪里无鱼，他凭经验都能看得出来。鱼一旦咬上他的钓钩，很难逃脱。不消说，他是名副其实的钓鱼冠军，不但钓的鱼多，而且最大的一条鱼也是他钓的。那条鱼又长又宽又厚，足有六七斤重。他钓上那条鱼时，我高兴得扔下手中的渔竿，上前向他鼓掌祝贺，随后全场响起一阵热烈的掌声和欢呼声。于是，我将鱼提起，与总统并排而立，摄影人员赶忙拍下了这一欢乐的场景。

特雷西湾的鱼可真多，也十分好钓。一竿甩下去，不一会儿就有鱼游来咬钩，有时铅坠子刚入水，立即就有鱼上钩。在这里钓鱼，除一竿可同时钓两条外，还有比这更新鲜的。这就是“钩鱼”和“捆鱼”。原来，有的鱼不是因咬鱼饵被钩住嘴钓上来的，而是被钩住脊背、尾巴或肚子钩上来的，或是被渔线绕着脖子捆上来的。可见此处水下的鱼一定是成群结队，见食就抢。难怪纳米比亚以渔业资源十分丰富而著称世界了。这第一天钓鱼，从上午 10 点半到下午 4 点半，我们钓了一筐又一筐，以非洲黄鱼居多，还有鲇鱼、鲨鱼及总统钓起的我说不上名字的那种鱼。

主动派人给我修车

这次海滨之行，我处处体会到总统对我的关心。首先是关心我的安全。为了我从首都到海滨往返一路平安，总统指示纳米比亚贵宾安全保卫局派了四名安全官偕同外交部的一名礼宾官，从大使官邸一路护送我去大西洋特雷西湾海滨，返回时再从海滨护送我回大使馆。往返路上及在海滨，安全官忠实执行总统指示，对我如影随形。我虽感到有些不自由，但想到这是总统为保障我安全所采取的必要措施，是总统对我的关心，感激之情便油然而生。

这里再说一个总统关心我安全的例子。在海滨，我的司机开车去加油，正在散步的总统听车子发出的声音有些不正常，回来便对我说："你的车子开动时有异常声音，恐怕有点毛病，我要派我的汽车机械师帮助检修一下，这对安全有好处。"我称赞总统的细心，对他的关心深表由衷谢意。不久，总统真的派来了机械师。经机械师检查，原来是汽车风扇皮带太紧。机械师帮助松了松，上了点油，声音果然正常了，总统这才放下心来。

总统对我的关心是多方面的，也是无微不至的。由于特雷西湾离都市太远，手机联络信号达不到那里。我到达海滨别墅后，心想我随身带的手机失去了作用，万一有事与大使馆联系就不方便了。我正这么想着，总统似乎猜到了我的心思，就对我说："在这里手机不管用了，你若要打电话给大使馆，尽管用我的专线电话，不必客气。"我感谢总统的关怀，用他的特别专线电话向大使馆报了平安。总统还对我说："这里远离都市，很安静，空气好，也很安全。你在这里安心地休息几天，好好放松放松，这对身体很有好处。"

我随总统出去钓鱼，他都让我坐他的总统专车一同前往，而安排他的夫人坐另一辆车。我不好意思，推辞不肯。我说："总统阁下，你还是与夫人同车去为好，不要分开了，我坐自己车子去就行。"总统则坚持说："你不要感到过意不去，我与夫人同车的机会很多，而与你同车的机会很少，你就不要再推辞了。我们同车，一路上说说话儿，不一会儿就到钓鱼的地方了。"总统非要我与他同车，不坐不行，我只好恭敬不如从命了。

将钓到的鱼送给大使馆，把我介绍给各国游客

他对我的关照还可举出别的例子。一天晚上，我随总统夫妇出席当地一家旅店经理举行的招待会，总统不但把我安排坐在主桌他的身旁，还在讲话中向各国游客特地介绍了我，称我是来自友好的中华人民共和国的友好使者，是他的好朋友，也是自家人。更令我感动的是，当服务员给他和第一夫人

上了蛋糕，而忘记给我上时，细心的总统马上招呼服务员过来，叫她给他的“大使同志”上蛋糕。

还有一件事使我们使馆全体同志都十分感动。总统一家和我在海滨钓鱼，我们自然少不了要尽情享用我们的战利品。但我们钓了至少有好几百斤鱼，怎么吃也就是吃个十斤二十斤的。多余的鱼怎么处理？按往常做法，总统都让工作人员统统冰冻起来，在他从海滨返回首都时，送给途中斯瓦科普蒙德市的一家医院，再由医院厨房烹饪后免费分给住院病人食用。而这次总统的赠鱼做法有了改变。他指示工作人员将冰冻好的鱼分成两部分，其中一部分仍然送给医院，另一部分送给我们大使馆，由我带回分给大使馆的馆员。我返回使馆前，总统对我说了他的安排，又特地吩咐他的工作人员一定记住把鱼给我带走。我走的那一天，总统的工作人员在我行前将一箱箱冰冻好的鱼装进了我的 4 轮驱动吉普车，直到装满为止。然后，他们向总统做了汇报，总统满意地点了点头。我代表大使馆全体馆员对总统的关心表示由衷感谢，也对总统工作人员的辛苦表示了慰问和谢意。回到大使馆后，我将鱼分给全馆同志，告诉大家努乔马总统再三叮嘱我把鱼带回来分给使馆每一个人。这可是他的一片心意啊。全馆同志听了也都十分感动，称努乔马总统不但给中国大使以如此特殊的礼遇，还给中国大使馆馆员如此特别关照，这在外交界实属难能可贵，只有中国人民的伟大朋友才做得出来。

生活俭朴有规律，不到“四菜一汤”水平

努乔马总统为纳米比亚的民族独立和人民的利益奋斗了一生，是一位深受人民爱戴的总统，也是一位平易近人、慈祥可亲的长者。他生活朴素，也很有规律。他住的海滨别墅实际上是一栋不大的极普通的平房，包括几间卧房、一间客房、一间厨房和一间客厅，餐厅和客厅合二为一，十分简朴。总统一日三餐也很简单。早餐一小碗麦片粥，两片面包，一杯类似麦乳精的

糊糊，几粒葡萄和一只苹果。中餐、晚餐一般两三样菜，达不到“四菜一汤”的水平。因有我这个客人，他让厨师多做了两样菜。此外，我从使馆带去的厨师又帮着加做几样中餐，饭菜这才丰富一些。

陈来元在总统府祝贺总统生日

总统每天早晨都坚持体育锻炼。他说：“我现在不但是纳米比亚总统，还是南部非洲发展共同体的主席，要为人民多做些事，没有好身体不行。所以要坚持锻炼，保持良好的体质和旺盛的精力。”总统在海滨的体育锻炼主要是爬山。当时他虽已过古稀之年，但每天清晨6点钟就起床，外出爬山约40分钟后，再回来开始办公，处理国内及外交大事。有时公务较多，他就推迟去海滨钓鱼的出发时间，或在钓鱼的场所处理急事，决不因节假日钓鱼休闲而影响工作。

总统非常关心国内外大事，每天早上必听新闻广播，晚上8点准时收看电视新闻。有一次，电视新闻节目中正好出现我向纳米比亚基础教育、体育与文化部赠送体育器材的镜头，他与第一夫人和在场的工作人员都高兴得向我拍起手来。

总统利用我与他外出钓鱼同车往返的机会，一路上向我介绍纳米比亚丰富的渔业资源、沿海独特的美好天气以及在沿海形成纳米布大沙漠这一世界罕见奇观的原因。又告诉我沿海沙漠中蕴藏着丰富的矿产资源，纳米比亚早晚要对它进行开发，那时将欢迎中国专家前来帮助。总统还说纳米比亚国土辽阔，自然资源十分丰富，有巨大的发展潜力、广阔的发展前景和光明美好的未来。看着广袤千里的纳米布大沙漠和一望无际的大西洋，我想，它们不正是努乔马总统宽阔胸怀和远大目光的象征吗？

教孙辈学中文，要孙辈们到中国留学

努乔马总统不但长期致力于纳中两国友好合作关系的发展，而且十分重视、大力倡导和推动两国城镇、民间和人民之间进行交往、交流与合作，以使两国友谊扎根于人民之中，使两国世世代代友好下去。我认为，这无疑是一种很有远见的重要思想。

在海滨休闲时，他同样没有忘记向他的孙辈们灌输这一思想。他希望孙子、孙女们要学好中文，又教他们用中文说“你好”、“谢谢”，并解释“你好”的意思，告诉他们这句问候语在早、中、晚及其他许多场合见了人都可以说，用途十分广泛。他又要孙辈们长大后到中国去留学，学习中国的科技、文化和经验，为将来建设纳米比亚及进一步发展纳中人民的友谊做贡献。

在努乔马总统这一思想的推动下，纳米比亚首都温得和克与中国上海首开先河，于 1995 年就结成了友城关系。此后，两国地方政府和民间在经济、文化等领域的交流、交往、合作更加蓬勃开展起来，迄今两国缔结友好关系的省市已达十余对。

努乔马总统还不遗余力地在纳米比亚弘扬中国文化。他每次访华，中方主人都要招待他吃烤鸭。他访华次数多了，不但喜欢上了烤鸭，对烤鸭情有独钟，而且把吃烤鸭当作中国的一种饮食文化，决意把它介绍到纳米比亚去。

于是，在他的倡导、推动和中国中联部的支持下，天津市一家公司和纳米比亚执政党——人组党下属的斑马公司各出资一半，于 1993 年 6 月在纳米比亚首都温得和克开办了一家“中国大酒家”，经营中国烤鸭。尽管这家大酒家同时也制作其他中式菜肴，但纳米比亚人仍称“中国大酒家”为“中国烤鸭店”。烤鸭仍是这家餐馆的主要特色菜，在纳米比亚享有盛名。

总统心中不仅装着纳中两国人民的友谊，还装着世界的和平与发展问题。上海市徐汇区副区长费滨海先生其时正收集世界各国元首就人类进入 21 世纪为题材的题词、签名，托我请努乔马总统在联合国印制的纳米比亚国旗明信片上题签留念。我借与总统饭后闲聊的机会向他说明原委，拿出明信片请他题签。总统欣然命笔，不但认真签了名，还在明信片上写了这样一段话："让所有国家都为维护世界和平与安全而努力工作。这样，人类就能在没有战争威胁的和平环境中生活，并集中力量发展经济，为全世界人民带来繁荣。"

和平与发展，这一世界人民的共同愿望，也是努乔马总统为之奋斗终生的伟大理想和崇高目标。

作者小传

陈来元，1942年2月生，江苏泰州人。1968年毕业于南京大学英文系。曾任中国驻莱索托和驻纳米比亚大使。中国作家协会会员、中国翻译协会资深翻译家。

蓬皮杜总统身患绝症坚持访华

◎文并图 / 蔡方柏［前驻法国大使］

2013 年是法国总统蓬皮杜访华 40 周年，此访把中法关系推到了一个新阶段。笔者是此次访问的见证者之一，愿对访问的始末作一回顾，以对这一重大事件的纪念。

1973 年 9 月 11 日至 17 日法国总统蓬皮杜应邀对我国进行国事访问。这既是法国也是西方国家第一位元首应邀访华。它有力推动了中法关系的发展并在国际上产生了重大的反响。

法国总统为何急于带头访华

上世纪 70 年代初，苏联扩张对西欧的威胁日益突出，西欧国家掀起了同我建立外交关系新高潮，中美关系开始解冻，中国在国际上的地位和作用不断得到加强。在此背景下，蓬皮杜萌发了访华的愿望。1971 年 10 月，中国外贸部长白相国访问法国。蓬皮杜总统亲自设宴招待代表团。在宴会前喝开胃酒的交谈中，法国前总理富尔对蓬皮杜说，“总统先生，要是您去中国，我相信，中国当局必定会给予最高的礼遇”。蓬皮杜风趣地回答说，“亲爱的总理先生，我很乐意去。不过，不论您在北京的声望有多高，我总得该先收到北京当局的邀请才行”。法国驻华大使马纳克补充说：“如果北京方面知道您希望访华，您当然会收到邀请的。”1972 年 7 月法国外长莫里斯·舒曼率阵容强大代表团访华，受到毛主席和周总理的接见。在谈话中，毛主席表示十分欢迎蓬皮杜总统访华，并说接待法国总统的规格将比接待尼克松高一点。周总理会见舒曼时，舒曼说，蓬皮杜总统很想知道他的访华愿望能否实现。周总理的回答当然是欢迎法国总统访华。于是舒曼外长建议以董必武代主席的名义向蓬皮杜总统发出邀请。法方原提议蓬皮杜于 1974 年 4 月来华访问，后又突然把访华日期提前到 1973 年 9 月。因此，1972 年 11 月乔冠华副外长会见舒曼外长时以董必武代主席和周恩来总理的名义邀请蓬皮杜总统于 1973 年 9 月 11 日至 17 日对中国进行国事访问。

曾涛大使于 1973 年 6 月 6 日呈递国书后与蓬皮杜总统合影

蓬皮杜急于访华有以下原因：一是他力图通过进一步发展对华关系，增强其同美苏打交道时的话语权；二是通过访问，保持法国作为西方第一个同中国建交大国的优势地位，以免落在意大利、加拿大的后面；三是借机发展经贸关系，获取实惠；四是身体健康原因，蓬皮杜已身患骨髓癌，全身浮肿。为避免重蹈戴高乐访华未成身先亡的覆辙，决定不辞辛苦，争取有生之年来华会见毛泽东主席和周恩来总理。

特别的礼宾安排

中法双方都为这次访问做了大量的准备工作。蓬皮杜总统在 1973 年 6 月招待外交使节的宴会上和 7 月举行的法国国庆招待会上，先后两次找曾涛大使进行个别交谈，强调他访华不只是去游览，当然也将作一点游览，主要

作者夫妇和克劳德·蓬皮杜夫人合影

是去看看中国人民，同中国领导人就一些问题进行会谈。同时，法方在访问前注意营造友好气氛。法国电视台于7月30日和9月6日先后播放了法国人拍摄的题为“接班人”，介绍我青少年的影片和长达1小时20分钟的“愚公移山”电视片。“愚公移山”片以新旧对比手法介绍中国人民的生活、精神面貌的变化和中国人民为争取解放所进行的斗争，受到法国许多人士的好评。法国文化电台还介绍了毛主席的诗词和书法。佩雷菲特部长对记者发表谈话说，蓬皮杜总统访问中国才是西方国家元首第一次真正访华，尼克松访华是为了解除两国间的战争状态，不能算数。

中方也为此访做了充分的准备。曾涛大使于8月31日回到上海，向上海市有关领导介绍了中法关系和蓬皮杜总统的情况，以便他们做好接待工作；9月初回到北京向周总理做了专题汇报。笔者奉命回京参加接待工作。大约在9月10日左右，我在民族饭店的会议室向有关接待人员简要介绍了法国的内外政策和接待法国客人应注意事项：不要问女士的年龄；对老人不要说您年纪大了，多注意身体之类的话，相反要说老人年轻，有活力；不要问客人是否吃过饭；送花不能送菊花等。

在日程安排上，马纳克大使提出，由于蓬皮杜总统身体不好，行动不便，不能多走路，也不宜长途坐汽车，改乘火车去大同云冈石窟参观。为此，中央政府专门拨款翻修了从车站到云岗再到机场的公路。马纳克大使要求保留机场欢迎仪式，以免被人看出法国总统身体不好。但是，红地毯要缩短，欢迎群众要少，以便总统少走路。

最高规格接待和建设性会谈

蓬皮杜一行于 1973 年 9 月 11 日下午飞抵北京，周总理亲自在机场举行欢迎仪式，晚上在人民大会堂举行盛大欢迎宴会，气氛十分热烈。周总理在祝酒词中特别指出：中法两国社会制度不同，但是我们都愿意在相互尊重主权和领土完整、互不侵犯、互不干涉内政、平等互利、和平共处五项原则基础上发展相互关系，因此我们可以交朋友。我们之间还有一个重要共同点，这就是我们都爱护自己的独立和主权，都不允许世界上有哪个超级大国来控制、干涉或侵犯我们，都反对一两个超级大国垄断世界事务。蓬皮杜总统在讲话中强调：我们认为迫切需要在尊重各国主权和互不干涉内政的基础上来组织国际家庭。还有独立的原则。这条原则使我们拒绝外国的任何干涉，反对会危及我们自己要求继续掌握自己命运的任何企图……对上述原则，法国和中国的看法完全一致，所以两国对国际关系中的某些基本问题采取相似的态度就毫不奇怪了。

9 月 12 日下午 5 时，毛主席在中南海会见了蓬皮杜总统。双方交谈得很热烈。关于国际形势，毛主席指出：目前西方有一股“祸水东推”的潮流，推动苏联进攻中国。其实苏联野心很大，整个欧洲、亚洲、非洲都想拿到手。苏首先要把美军挤出欧洲，把德国拿到手，然后把法国、意大利也拿到手。美国搞孤立主义对欧洲不利，对中国不利，中国赞成法国要求美军继续留驻西欧，赞成法国把英国拉住。蓬皮杜表示：中法都认为世界上有两个经济、军事大国。美国开始收缩，而苏联在不少地方扩张。美苏加在一起，对别国的独立是个危险。法国的政策是，既不联华对付美苏，也不企图把苏实力推向东方。而是同所有国家保持最好的关系，保持警惕，加强防务。缓和与防务互为补充，不可偏废，即“缓和加防御等于安全”。

关于两国关系，毛主席说，中法没有什么隔阂，不要相互戒备，也不要相互提高警惕。法国不会像赫鲁晓夫那样把中国人看成“黄祸”。毛主席赞扬戴高乐将军有勇气不受美国压制，把北约总部赶出了法国，并以惋惜的口气说，他完全可以不搞什么全民公决。蓬皮杜回答说，“您说得很对。我是劝他不要这样做。但是，对将军来说，区域改革本身并没什么重要性，他想要人民重新表示对他的信任，但是人们在这个问题和它的细节中迷失了方向”。

周总理同蓬皮杜举行了两次正式会谈，笔者和另一位同志担任会谈记录。双方就国际形势和双边关系问题深入交换了意见，列举了两国在对外政策上的共同原则，都认为两国的政治制度虽然不同，但是这些共同原则使两国可以很好地发展各方面的友好合作关系，共同为世界和平与稳定作出贡献。蓬皮杜还问中方是否准备同共同市场接触，周总理表示还要看一看，希望先发展双边关系，然后再考虑同共同市场接触。

关于中法关系，周总理指出，中法既不是结盟，也不是谁靠谁。两国坚持独立和加强防御力量，这至少在客观上，在一定程度上，会起到牵制苏联冒险作用。同时可推动美国采取更明智的政策。关于两国经济、贸易关系，蓬皮杜总统希望中国能购买法国的化纤设备。周总理重申了中国对法国“同等优先”的原则，并指出，中国和西欧贸易首先要考虑从法国进口，只要是好设备，我们是要的，但是法国的价格比别国高，希望能解决这个问题。后来经过有关方面进一步洽谈，在蓬皮杜访问结束前，双方签署了购买法国大型化纤设备的合同。中法两国政府还发表了联合公报。在商谈公报时，法方不同意写上“霸权”二字，怕因此而刺激苏联。在我方坚持下，蓬皮杜亲自拍板同意写上。周总理还同意以中国政府名义给法国总统和人民赠送一对大熊猫。

9月14日，蓬皮杜举行了记者招待会，对中法关系和双方进行的会谈做了很高的评价，说此访收获很大。晚上，他举行了答谢宴会，在讲话中指出：非常具有建设性的会谈使我确信，我们两国之间有很多牢固的理由来互相进一步了解、很好地取得一致看法。……法中友谊的性质不排斥任何其他方面的友谊，因为它的唯一目标就是要巩固世界和平；同时，如果哲学家们允许我把莱博尼茨的一个词用在政治上的话，法中友谊的目标就是“世界和谐”，尽管达到这个目标还需要克服许多困难。从蓬皮杜这段讲话可以看出，他对在中国的访问成果表示十分满意，但又十分谨慎地强调中法友谊不是排他性的，以免得罪美国和苏联。

舍命陪君子

1973年，周总理身体也不好，但仍坚持全程陪同蓬皮杜总统在中国的访问。在北京，周总理陪同蓬皮杜参观了天坛公园的祈年殿、回音壁、皇穹宇等。蓬皮杜对中国这样重视保护文物古迹，十分赞赏。

9月14日晚，蓬皮杜总统举行答谢宴会后，在周总理亲自陪同下，乘专列火车去山西大同。笔者作为大使翻译和工作人员也乘同一火车随团前往。在火车行进中，突然接到北京电话，问周总理饭后情况如何？周总理说，很好！并问为什么提这个问题。据北京告知，蓬皮杜举行的答谢招待会上吃的东西，全部是从法国运来的，饭后，李先念等领导人都拉肚子，因此打电话问周总理的身体状况。周总理随即要曾涛大使了解一下专列上其他同志的身体情况。经调查，没有发现有人身体不适。周总理同身边的其他领导研究为什么我们这里没有人拉肚子呢？有同志说，可能是因为我们在席间喝了不少葡萄酒的原因吧！

周总理听了大笑说，看来喝酒还有好处，不过不要因此鼓励大家喝酒啊！在离大同不远的地方，专列停下来，让大家休息。我下车在站台上走了一趟，发现欢迎的群众很多，既有当地领导，也有普通百姓，既有载歌载舞的文艺工作者，也有拿着旗子表示欢迎的学生，到处人头攒动，热闹非凡。9月15日上午，乘汽车去云冈石窟参观。这个石窟是北魏时期的佛雕。“文革”期间一直由军队保护。蓬皮杜尽管当时已行动迟缓，但仍参观得很细致，并询问石窟的历史和保护情况。参观后，他赞扬说，真伟大，真了不起！中外随行记者为蓬皮杜参观云冈石窟发了专门消息。记者们还围着周总理提问。周总理说，由于没有时间，我从来没有参观过云冈石窟，应该感谢总统，如果总统不来，我也不会来的。

15日下午，蓬皮杜总统一行及中方陪同人员乘两架专机赴杭州，晚上周总理同蓬皮杜总统共进晚餐。第二天上午，蓬皮杜游西湖参观了不需走多少路的花巷观鱼和三潭印月。诺贝尔外长等法国客人看了灵隐寺等地。参观西湖过程中，给我很深刻的印象是总理关心群众，非常愿意接触群众。当蓬皮杜在领略风景时，周总理被许多群众围住了。大家围着他提了好多问题，总理都一一回答，总理还问大家“生活情况怎么样”、“你们单位的生产怎么样”等，感到很亲切。

下午，蓬皮杜充分休息后飞上海，晚上出席了上海市举行的晚宴。9月17日上午登上上海大厦顶层观看上海全景。上海给蓬皮杜留下了很好的印象。

周总理说，我们为什么不能像群众那样呢

17日中午，蓬皮杜一行乘法方专机回国。在飞机场送行时，下着大雨，上海市领导还安排了一大批群众去机场送行，他们都冒雨列队站在那里。尽管我方派专人为蓬皮杜及随行人员撑伞送上飞机，但在告别时，蓬皮杜总统西装革履，冒着大雨不打伞。警卫想给周总理打伞，总理不让，并生气地说，法国总统没打伞，还有这么多群众都淋着雨，我们为什么就不能像群众那样

呢！于是后面不少领导因此也纷纷把伞收起来了。

总理在病痛中依然非常注意外交礼节，关心群众。这一幕给我留下了很深的印象。在会谈和宴会过程中，你根本看不出他是个有病的人，但他实际上是忍受很大痛苦来做这些事情的。大家对周总理抱病顽强工作、注意外交礼节、尊重群众的崇高精神，非常敬佩。

积极而深远的反响

法国新闻媒体对蓬皮杜的访问大都做了积极报道。12日毛主席会见后，法国各大报纸都在头版刊登消息，法电视台评论说，毛主席接见“是蓬皮杜总统与中国革命之父的历史性会见”，说毛主席与蓬皮杜的谈话时间比尼克松谈话时间长一倍。电视台、电台和各大报刊都详细报道了周总理和蓬皮杜在欢迎宴会上的讲话，舆论认为，两国领导人在“维护国家独立”、“反对霸权”、“独立防务”、“欧洲统一”等问题上“有很大一致性”。认为“周总理在谈问题时，比法总统自由得多”，“语调强硬”，“毫不掩饰地揭露霸权主义和超级大国的政策”。

蓬皮杜返回巴黎后在举行记者招待会上高度评价这次访问，强调中法两国在民族独立、加强防御、不屈从于任何人等问题上有完全一致的共同点。在经贸科技领域，双方商定将进一步研究发展合作的可能性，特别是加强在石油化工、航空、机械和电气工业的交流与合作。双方还决定签订海运协定，扩大航空运输合作。诺贝尔外长指出，此访标志着不断发展的中法关系的新阶段。

1974年1月3日，在爱丽舍宫举行的新年团拜会上，蓬皮杜总统单独会见曾涛大使说：我对去年中国之行保留着非常好的印象，所有会谈都很有益。法中两国地理位置相距遥远，国情也有很大不同，特别是经济社会制度各异，但两国都酷爱独立，决心不屈从任何人，并始终保持警惕，这正是中法政治关系的基础。

通过这次访问，蓬皮杜总统也得出了同戴高乐将军一样的结论：中法关系具有战略意义。

壮志未酬身先亡

与希拉克总统合影

1974年4月2日，法国总统府宣布蓬皮杜总统因病逝世。他在位近5年，未能完成宪法规定的7年任期。他的去世与法国战后“30年黄金发展期”的终结碰巧相遇。此时正值西方经济和社会发生深刻变动时期，他虽未能实现向人民承诺的瑞典式的社会，和工业上赶上西德的宏愿，但坚持了第五共和国的政治体制和戴高乐的民族独立的外交路线，对法国的工业现代化做出了突出的贡献，使法国的国民生产总值超过了英国，名列资本主义世界的第4位。有评论说，“法国人民怀念这段逝去的美好时代”。

蓬皮杜的逝世，使法国和全世界感到震惊。他带病坚持工作，履行总统的职责直到生命最后一刻的顽强精神受到法国各派领导人和许多外国政治家的称颂。

4月3日，总统府秘书长巴拉迪尔公布了1972年8月蓬皮杜总统亲手写的遗嘱：“我愿意葬在奥维利埃。我不要鲜花，不要花圈，当然也不要纪念碑。只用一块经过琢磨的石板刻上我的姓名和生死日期。在巴黎岛上的圣·路易教堂做弥撒，唱格勒高里圣歌。”按照上述遗嘱，蓬皮杜下葬在离巴黎30多公里的奥维利埃蓬皮杜总统度周末别墅附近的墓地，下葬仪式只有家属、政府成员、总统的亲密助手参加。4月6日，法国政府在巴黎圣母院举行了一个追悼仪式，请政府成员、议会议员、社会团体和外国代表团参加。

董必武代主席和周总理联名给法国代总统波埃发去唁电，另以周总理名义给蓬皮杜夫人去唁电，代表毛主席并以他本人的名义对“维护法兰西民族独立的著名政治家”的逝世表示深切哀悼。我国政府还指派曾涛大使为中国政府的特使出席了追悼仪式。出席这次仪式的除法国各党派领袖和各界重要人士外，还有美、英、德、意、比利时、苏联等国国家元首或政府首脑。仪式上没有花圈，但庄严、隆重。

自总统府宣布蓬皮杜逝世的消息后，笔者就曾去离圣母院不远的圣·路易岛蓬皮杜家附近的街道上观察民众的反应。许多市民静静地在那里观察他家附近的一举一动，一些人窃窃私语地说，“太可惜了！”“他不应死得这样早！”有的老年人甚至流下眼泪。在追悼会外，大批法国人自发地聚集在巴黎圣母院外，表示对蓬皮杜的哀悼。这说明蓬皮杜生命不息，工作不止的精神为法国人民所敬佩，他和戴高乐将军一样受人尊重。

作者小传

蔡方柏，1936年1月生，湖北省咸宁市人，毕业于北京外语学院和瑞士日内瓦大学。1964年进入外交部工作。历任驻法国大使馆一等秘书、政务参赞、公使衔参赞等职。1985年任外交部西欧司副司长，1987年任驻瑞士大使，1990年至1998年任驻法国大使。1998年至2003年当选九届全国人大代表、外事委员会副主任。现任外交部政策咨询委员、中国前外交官联谊会名誉会长，欧洲学会法国研究会名誉会长、外交学院兼职教授，外交笔会会长。著有《从戴高乐到萨科齐》一书。

我所认识的传奇总统扎耶德

◎文并图／刘宝莱［前驻阿联酋大使］

上世纪90年代，作为中国驻阿联酋大使，我曾与阿联酋总统扎耶德有着零距离的接触与交往，并建立了良好的公私关系与友谊，从而增进了我对这位传奇式人物的了解。尽管已过去多年，但往事历历在目，经常在脑海中浮现。

开发沙漠，促建“阿联酋”

扎耶德·本·苏尔坦·阿勒·纳哈扬总统于1918年出生在阿布扎比市中心的希思尼宫，是阿布扎比酋长国酋长苏尔坦·本·扎耶德·阿勒纳哈扬（1922—1927年执政）的第四子。他未受过正规教育，仅在7—9岁时接受些王室伊斯兰文化教育。1966年8月6日，他接替长兄沙赫布特，执掌阿布扎比酋长国统治权，成为第14任酋长。这使他有机会实现其“发展、联合、富足”的宏伟目标。他深知“石油并不能将干旱的沙漠变成天堂”，但可以用巨额“石油美元”改造沙漠，战胜黄沙，建立“人间天堂”。通过艰苦卓绝的同大自然的抗争，他谱写了光辉的史诗，将阿布扎比市开发起来，使之成为沙漠中的绿洲。

美丽的沙漠绿洲阿布扎比

随着阿布扎比酋长国的经济高速发展和人民生活水平的不断提高，扎耶德开始考虑实施他的联合战略。他认为“联合是强大、尊严、稳固和共同富裕之路”。因此，他积极促成了阿布扎比、迪拜、沙迦等7个酋长国组成阿拉伯联合酋长国，并当选为总统兼武装部队总司令直到2004年去世。

自任总统后，他认真实践了“钱如果不用在人民身上就没有价值”的口号，为其人民实施了一个又一个的发展项目，兴建了学校、医院、水电站等教育、服务设施，取得了巨大的成就，从而使阿联酋走上了“共同富裕”的道路。

亲自安排杨尚昆主席访阿的礼遇

我第一次见到扎耶德总统是1989年12月24日，杨尚昆主席访问阿联酋的时候。当时，我任外交部西亚北非司副司长，作为记录，参加了杨主席同扎耶德总统的会谈。原定那日上午10时，两位元首举行会谈。杨主席正待出发，陪团的外交部礼宾司长江康来报告说，据阿联酋总统典礼局长告，扎耶德总统找不到了。据说，他一大早骑马去了郊区，至今未归，谁也不知道他去什么地方。对方一再表示歉意。杨主席听后，笑了笑说，没关系，客随主便。我们就等吧！我们私下开玩笑说，看来，这只沙漠雄鹰不知飞到哪里去了。大家不由哈哈大笑。就这样，会谈推迟了整整1小时。11时，杨主席同扎耶德总统出现在接见大厅。我看到扎耶德高个宽肩、长脸，留着络腮八字胡，气度庄严，双目炯炯有神，身着白长袍，头戴黑头扎和白头巾，外披土黄色镶金边的外罩衫。他微笑着同杨主席握手。接着，两位元首互赠礼品。杨主席赠中国造双筒新式猎枪，扎耶德回赠一把镀金宝剑。

二人在小范围会谈时，杨主席谈及近年来两国友好合作关系的长足发展，并简要介绍了中国针对西方国家干涉的经验——坚持“三不怕”：一不怕制裁。因为制裁是一把双刃剑，对中国不利，而对西方更不利。这反而激发中国人民奋发图强的热情和意志。二不怕恫吓。“民不畏死，奈何以死惧之”。中国人就是在西方的恐吓下，发展壮大的。三不怕困难。在困难面前，中国人从未低头过。杨主席的话，铿锵有力，掷地有声，扎耶德深受感染，连连称赞，“了不起！了不起！主席阁下，言之有理，中国人有骨气！”接着，他高度评价阿中两国友好合作关系的发展。他表示，阿方愿积极同中方发展经贸合作关系。杨主席邀请他访华，他欣然同意，允于1990年5月成行。这次会谈，给我留下了深刻印象。我发现扎耶德谈吐不凡，是位精明能干、有头脑的领导人。

在第二年我上任履新后的一次活动中，扎耶德总统高兴地同我谈起他对杨尚昆主席的印象。他说，中国国家主席杨尚昆先生，年逾八十高龄，耳聪目明，智力超群，反应迅速，高瞻远瞩。因此，他访阿时，我特意安排了别开生面的盛大欢迎仪式。首先，我破例率六位酋长（或副酋长）和军政要员前往阿布扎比国际机场欢迎。这充分体现了对杨主席往访的最高规格礼遇；其次，机场上举行的隆重欢迎仪式安排了较大的群众欢迎场面；另外，杨主席的车队沿阿布扎比市的主要街道绕行一周，街道两旁站满了自发欢迎的人群。这样一可使代表团游览市容，了解该市的发展、建设，特别是城市的绿化；二可使代表团看到市面的宽松气氛；三可使代表团感受一下阿联酋人民发自内心地对杨主席的热烈欢迎。听后，我深为感动，更感到扎耶德总统颇具战略眼光，充分体现了阿方希望同中国全面发展关系的良好愿望。此访确实给杨主席留下了深刻印象。难怪杨主席感慨地说，真没想到，阿布扎比市如此美丽，真是沙漠中的绿洲，这都是用黑色金子（即石油美元）堆起来的。

访华时体验中医按摩

1990 年 5 月，扎耶德总统访华，下榻北京钓鱼台国宾馆，扎二子苏尔坦亲王和四子哈姆丹亲王随行。有两架专机降落在北京国际机场，一架由他和庞大的代表团乘坐；另一架由厨师、服务人员乘坐，并携带大量食品和活羊。根据阿方礼宾安排，国宾馆每餐要做两桌饭，一桌中餐，由中国厨师做；另一桌阿餐，由扎耶德的厨师做。包括两位亲王在内的代表团多数成员都喜欢用中餐，仅有少数政要陪扎耶德用阿餐，两位亲王建议扎用一下中餐，并说，中餐很有特色，味道不错，不妨尝尝。有时，他高兴了，也到中餐桌上品尝一下，觉得确实不错。因此，他时而用中餐，时而用阿餐。在国宾馆的厨房里，也分两个灶，阿方厨师用的灶，仅要求中国厨师将灶洗刷干净就行了。每天厨房安排两位中国厨师打扫卫生。阿厨师下厨做阿餐，中国厨师用另一个灶作中餐。后来，有人告诉我，因阿方对我厨师工作很满意，特赠送 6 万美元。

访问的第二天，杨尚昆主席在人民大会堂会见扎耶德总统。扎耶德赠送杨主席一只镶有红宝石的纯金制作的孔雀。杨主席回赠扎耶德总统一幅绣有扎头像的巨幅苏绣，用框镶起，摆在支架上，其特点是不管从哪个角度看，扎都微笑。陪见的阿方政要围着苏绣转了一圈，皆赞不绝口。扎诙谐地对杨说，我赠送主席阁下的礼品是有价的，而您送我的礼品则是无价的。

代表团一行，游览长城。我陪同人员对扎耶德总统说，中国已故领袖毛泽东先生有一著名的诗句是，“不到长城非好汉”。现在总统阁下已登上长城，自然是一位好汉！这句话逗得扎耶德笑起来。他说，中国是具有古老文明的伟大国家。早在2000多年前，就建成如此宏伟的工程，堪称世界奇迹。他站在烽火台上，凝视远方，久久不愿离去……

回到国宾馆，他有点着凉，感到不适，除用药外，中方医生建议他做些按摩，以便有助于尽快康复。他表示，可以试试。由于我两位按摩医生医术高超，加之他第一次接受按摩，效果良好。按摩后，扎耶德顿觉全身轻松，当晚发汗，第二天便康复了。他高兴地对我陪同人员说，中国的按摩太神奇了，比用药效果还好。于是，他正式邀请两名按摩大夫去阿联酋，为他及家人作了一段时间的按摩保健工作。从此，扎耶德总统增加了对按摩、针灸，乃至中医和中草药的兴趣。我上任后，他经常同我谈及此事，并责成卫生部研究加强在此领域同中方合作的事宜。

采购锦江饭店小卖部

另外，钓鱼台国宾馆为代表团专门举办了一场小型文艺演出，邀请北京文艺界顶尖艺术家参演。对此，扎耶德非常高兴。事先，他特意让阿驻华大使伊斯梅尔先生向中方索要参加演出所有人员的名单和资历。大使即刻办理。当时，我陪同人员深为不解，忙问其故。大使说，不知道，只是奉命行事。他拿到名单后，遂匆匆返回使馆，按扎耶德总统的指示，亲自为每一位参加演出的前后台人员包一红包，并要中文秘书，写上中文名字。然后，他提着包，迅速回到国宾馆，向总统复命。演出期间，扎耶德总统看得很投入，特别是对精湛的杂技如顶碗、蹬伞等，尤感兴趣，不时高兴地鼓掌……演出结束后，伊斯梅尔大使即到后台，避开中方陪同人员，悄悄地将红包分发给每一个人。至于红包内到底多少钱，只有扎耶德总统和伊斯梅尔大使知道。事后，有人半开玩笑地问大使，希望他揭开谜底，他只是微微一笑了之。因此，至今仍是一个谜。据一位跑龙套的年轻演员透露，他本人拿到了 500 美元。

结束在北京的正式访问后，扎耶德总统前往上海参观访问，下榻锦江饭店。晚餐上来糖醋鳜鱼。扎用后笑着对服务员说，你们中国人真怪，怎么不把糖放在茶里，而放在鱼里呢？这句话逗得在座的阿政要们哈哈大笑。这里还有一个小插曲，就是饭店的总经理深知阿联酋拥有大量的石油美元，故在代表团抵沪前，已为饭店的小卖部增添了不少高档商品。扎耶德访问期间，他专门安排懂外文的服务人员日夜值班，同时，餐饮部经理也借安排他等用餐机会，主动介绍饭店小卖部情况。在扎抵沪第二天凌晨 1 时，忽然阿方典礼官告，扎耶德总统希望参观小卖部。饭店总经理陪他前往，并做了些介绍。扎转了一圈，随便看了看货架上的商品，然后说，统统打包。总经理以为听错了，又问了一遍，苏尔坦亲王说，请将货架上的商品统统打包，由阿方典礼官同你结账。说完后，便走了。总经理喜出望外，马上让服务员将商品包好装箱，一共价值约 56 万美元。

邀请我参观自然保护区

1991 年 10 月 8 日，我赴阿布扎比履新，19 日向扎耶德总统递交国书。上午 9:30，我同几位参赞乘礼宾车去总统府，11:00，检阅仪仗队，11:30，我们前往接见大厅，扎耶德总统站着听完我用阿拉伯语念的颂词，并接受我递交国书。然后，他热情地请我坐下，进行了友好的谈话。

1991 年 10 月 20 日，向阿联酋扎耶德总统递交国书。递交国书后，扎耶德总统同刘大使进行亲切友好的谈话

他回顾了1990年5月访华情景，赞扬两国友好合作关系的发展，并希望我在任期间为进一步推动两国关系的全面发展作出积极的贡献。他突然略有所思地说，据报道，中国在治理沙漠和植树造林方面取得了巨大成就。但此次访华时间较短，未来得及参观，令人遗憾。近年来，阿联酋一直积极致力于此项工作，以改造这里的恶劣自然环境。我说，总统阁下的名言是，即使自己家里没有淡水喝，也要植树。他不由哈哈大笑，并说，大使很了解情况。他特别提及关于将锡尔·巴尼亚斯岛作为自然保护区的治理情况，还说，要安排我等去参观。我当即表示感谢，心里想他只是说说而已。然而不久，阿联酋外交部真做了安排。

阿外交部礼宾司官员穆罕默德先生私下对我说，此次安排各国驻阿使节前往巴尼亚斯岛参观，就是根据总统在接受我国书时的谈话决定的。

当我们乘坐军用直升机抵达该岛时，发现岛上绿色苍茫，树木林立，瓜果飘香，椰枣园林，鸟类繁多，羚羊遍地，野牛觅食……据导游介绍，根据扎耶德总统指令，自1971年起，开始对这一荒岛进行改造，建立自然保护区。现已开发250平方公里，建有22个农场，种植200万棵环保树，其中有柑橘、苹果、石榴、葡萄、滨枣等20万棵果树和15000棵橄榄树。

岛上设有鸟类和牲畜饲养管理区、管理人员生活区和野生动物生活区。参观中，我看到了山羚羊、野牛、鸵鸟、乌鸡、鹧鸪、麻灰色松鸡和埃及天鹅等。中午，我们在岛上用餐。午餐很丰盛，餐桌上的鸡鸭鱼肉、蛋、蔬菜水果都是自产的。从此岛的变化中，我看到了阿联酋政府加强环保，改造大自然的决心和意志。

最具规模和现代化的鹰医院

扎耶德总统酷爱用鹰狩猎，每年总安排几次。他曾编著《鹰猎体育运动史》，使广大读者了解阿拉伯人爱好此项体育运动的经纬，并成为鹰猎爱好者的指南。他专门成立了鹰猎研究所和鹰医院。

刘大使在扎耶德父子肖像前

有一次，我出席艾茵市的一次庆祝活动。他请我坐在他身边，谈起狩猎的故事。他说，狩猎是一项体育运动，需要毅力和磨炼。用鹰狩猎是一项集体活动，要有多人同行，但最多不要超过60人，最少要有10人。因为在外活动时间较长，要穿过人烟稀少广阔无垠的沙漠。狩猎者不管是国王、酋长、亲王或平民百姓均生活在一起，共同行动，这是在城市里享受不到的。他说，他12岁开始用步枪打猎，16岁用鹰猎物。驯鹰是很艰苦的，首先要爱鹰，才能驯好鹰。然后，用鹰猎物。25岁以后，主要用鹰狩猎。究其因，恐怕是心理变化造成的。他讲得津津有味。我们都表示希望随他狩猎一次，他高兴地接受了。聚会结束后，在回馆的路上，我反复琢磨扎耶德讲的鹰猎故事，内心有些不解。他为什么突然讲狩猎呢？时间一长，工作一忙，也就把此事放在一边了。

一个月后，扎耶德总统办公厅主任艾哈迈德先生打来电话，约我去艾茵市参观鹰医院。我只好推掉手头的工作，陪他前往。到医院后，我发现宽大的大厅里有许多鹰，真是“河里无鱼，市上看”。院长出面接待我们，他简单介绍说，该医院由哈里法王储赞助（扎耶德总统长子、现阿联酋总统），是海湾地区最具规模和现代化的鹰医院。院内设备、科室齐全，其中分内、外、神经等科，并附有手术、治疗、监护、住院、训练、疗养室等。此外，他陪我们边参观，边讲解说，这里的病鹰主要分三类，一类是皮肉伤，伤筋动骨，皮毛受损，此类鹰占多数；二类是眼睛、呼吸道、肠胃感染，也有的鹰像人一样，患结石病；三类，少数患神经系统的毛病。经过治疗，多数鹰迅速康复。因此，医院名声大振，其他海湾国家的许多人也带鹰到医院看病，效果不错。

院长还兴奋地说，这里也有些鹰因忠于主人，为其捕捉猎物立下了汗马功劳，故在此养老，安度晚年。哈里法王储的一只猎隼，为捉一种类似于鸡的长脖鸨，飞越沙漠，追至海上，终于将鸨抓住，从而受到了王储殿下的高度评价，成为狩猎之功臣，故享受殊荣，在医院养老。另外，他还告诉我们，为了生态平衡，扎耶德总统每年将一批老的鹰放生，特别是放生到巴尼亚斯岛自然保护区，让它们重回大自然，翱翔蓝天，过上自由自在的生活。……院长请我们午餐后，即返回阿布扎比。途中，艾哈迈德主任对我说，他是按照扎耶德总统的指示，约我去参观鹰医院的，目的是让我进一步了解阿联酋人对鹰情有独钟，爱鹰、护鹰有方。

江泽民主席赠猎隼

又过了一个月，阿外交部礼宾司长奥贝德紧急约见我说，中国的猎隼，历史悠久，闻名世界，扎耶德总统希望购买200只。总统非常喜爱训猎隼。每年都要购一批，放生一批。我即告他，中国的猎隼系国宝，不允许出口。同时，我允报国内。这时，我才弄明白扎耶德总统那段故事和让我参观鹰医院的用意。我报告国内后，不日得到答复，要我约告对方，中国政府十分重视保护稀有动物和鸟类。中国是世界濒临灭绝动物委员会成员国，目前，猎隼在中国境内已很少，是中国的国宝，从不出口。考虑到中阿两国关系友好和扎耶德总统喜爱猎隼，江泽民主席决定赠送扎耶德总统一对猎

刘大使在阿布扎比驯鹰基地

隼。我约告了阿外交国务部长哈姆丹亲王（扎 4 子）。他听后，很高兴，并十分感谢中国国家主席江泽民先生阁下赠送的珍贵礼物，表示立即报告父王。

后来，在北京农林部举行了交接仪式，阿驻华大使伊斯梅尔先生代表扎耶德总统出席。当然国内对此事很重视，一再催询扎耶德总统的表示。有一次，我见到他，问及此事。他说，这对猎隼很好，素质不错，感谢贵国主席阁下江泽民先生赠送的礼品。接着他半开玩笑地说，就是少了点，他原本购 200 只，是为了将现有的部分老的猎鹰放生。我又做了解释，他表示理解。不日，其他酋长国酋长、亲王、大商人相继提出购猎隼事，我均一一回绝。有的亲王告诉我，他们可以在卡拉奇的鸟市上购到中国猎隼，但价格昂贵，上等的一只猎隼高达 10 万美元。听后，我噤若寒蝉。回国后，我曾问过农林部的有关负责同志，他们说，邻国有人偷越国界，到我国边疆滥捕猎隼，时有发生。不过我边防已加强警戒，以防此事再发生。

同意中医进入阿联酋

1995 年 9 月，国内通知我调任驻约旦使馆工作。10 月 14 日，我向扎耶德总统辞行。他对我离任表示惋惜，并讲了些赞扬的话，其中两句话至今仍记忆犹新。其一，他说，大使阁下在任期间妥善处理了两国关系中的敏感问题，使两国关系得以顺利发展。对此，他表示赞赏。其二，他说，阿方十分重视发展同中方的友好合作关系，希中方能理解阿方处境，积极促进海湾地区的稳定与安宁。此外，他问我调任何处工作，由于约旦外交部对我提名未复，我只能说，听说将去约旦。他请我转达他对侯赛因国王的问候，并欢迎我经常回阿布扎比看看。对此，我表示感谢。从那以后，我再也未见到他，直到他 2004 年去世。后来，听说他同意中医进入阿联酋。这对我来说，无疑是一个好消息，我在任时曾为之作出了积极努力。

作者小传

刘宝莱，1941 年生，山东人，1965—1967 赴摩洛哥穆罕默德五世大学进修阿拉伯语。中国国际问题研究基金会理事、外交笔会副会长、前驻阿联酋、约旦大使。

接待国宾中的逸闻趣事

◎文并图／吴德广［曾任外交部礼宾司参赞］

我是外交部礼宾司的老兵，三进三出礼宾司，在那里任职共约20多年。

我第一次参加国宾访华接待是在1967年。当年，一位非洲国家总统访华，对方坚持总统座车挂其总统旗，那时国内只有该国国旗，没有那位总统的总统旗。礼宾司只好发电通过我驻该国使馆，请对方自带总统旗。那位总统抵达北京当天，司里派我前往首都机场向总统专机上该国的礼宾官索取总统旗，并火速送至大北窑处，套挂在备用的一辆敞篷车旗杆上。那时大北窑是市区群众夹道欢迎国宾的起点。总统进入市区，我国领导人陪他乘敞篷车检阅欢迎群众。

自我第一次参加国宾访华接待至今已有30多年了。我参加国宾访华接待亲历亲闻的趣事历历在目。

周恩来总理的主随客便

1965年我一进礼宾司，常常听到老前辈讲述周总理对礼宾人员严格要求的故事，其中有一些故事让我终生难忘。例如：接待国宾要做到“主随客便”。“主随客便”就是要尊重来访客人的生活习惯，尊重他们的要求和需要，

作者在出席 2012 年外交部于钓鱼台国宾馆举行的共度重阳团拜会上留影

根据不同情况，调整对客人的安排，让客人高兴而来，满意而归。

周总理的“主随客便”逸闻不胜枚举。1964 年 10 月阿富汗国王穆罕默德·查希尔·沙阿陛下和王后访华。当天下午 4 时抵达北京，晚 7 时中国领导人在人民大会堂为其举行盛大国宴。晚上 7 时，刘少奇、周恩来、朱德、董必武等国家领导人都到齐，在等候国王和王后一行。但王后在宾馆化妆打扮，找不到她喜欢的衣装，而迟迟未离开宾馆去人民大会堂。周恩来总理得悉原委后指示：不要去催促阿方。等到王后换完她满意的服装后随国王抵达宴会厅之时，已是晚上 7 时 45 分。对此，国王再三表示歉意。

1970 年初，一位外国国家元首对华进行国事访问。在他访问北京第二天下午，周总理秘书通知接待办公室，毛泽东主席在半小时后接见这位总统，让礼宾官马上通知他。这位总统是一位虔诚的伊斯兰教徒，当时他刚刚在房间做祷告。总统警卫秘书告诉中国礼宾官，总统祷告一般需要二十至三十分钟。中方礼宾官将此事立即报告周总理办公室。周总理立刻电话交代礼宾官，不要去打扰惊动总统，等总统祷告结束才请他。周总理立即动身去毛主席处汇报工作，利用汇报机会拖延一下时间，以便等这位总统祷告完毕。事后，总统获悉此事很受感动，见了周总理多次为此事表示歉意和不安。

周总理非常重视各国的风俗习惯。他有一句话，我铭刻在心。他说：“尊重一个国家的传统习惯，实际是对这个国家的尊重。”在他的亲切关怀下，礼宾司人员努力做到周到细致，尤其是注意尊重来宾的传统习惯。多年来为来自穆斯林国家的国宾举行的国宴，均安排清真全席。宴席上不用酒类，而是用饮料或茶水。在宴会上如个别外宾饮食有某种忌讳，还作特殊安排。有一次在宴请外宾时，宴席上了包子。周总理询问制定菜单的礼宾人员，今晚的包子是什么馅的？回答说大概是猪肉的。周总理很不高兴地说："什么是大概，如是素食者或伊斯兰教徒，那怎么办？"

周总理强调礼宾工作人员要细致周到。1970 年初有一位来自南太平洋岛国的国家领导人访华，他身胖体重，行动缓慢。访问西安时，下榻省政府宾馆事先也派先遣组察看，但百密也有一疏，宾馆因多年失修，室内和卫生间的设备也陈旧，没有认真细致检查每件设备。谁也没料到那位国家元首一进宾馆就急用卫生间。没有多久，就听到卫生间传来一声巨响，原来抽水马桶被国家元首坐塌了，他臀部受了轻伤。这一事故影响贵宾当天下午的活动。周总理得悉后，严厉批评这件事，并亲自向该国家元首表示歉意。

周总理在执行"客随主便"和"主随客便"原则方面是楷模，深受赞扬。他常强调尊重对方，不强加于人。他细致周到的工作作风更令人钦佩。

美国总统访华的大"折腾"

上世纪 70 年代末 80 年代初，国宾访华纷至沓来。有朋自远方来，不亦乐乎。我在礼宾司最牵情动魄并终身难以忘怀的，是当国宾接待处副处长的日子里。我常和同事整天忙忙碌碌，要办的事情太多太多。外交无小事的信念，使我战战兢兢，浑身是劲。每年约有百起国宾访华，这意味着世界历史天平向中国倾斜。想到此，我欢欣鼓舞。

礼宾官工作处于高度紧张状态，几乎没有上下班之分，大量的准备工作必须在国宾抵达前完成。我记得那几年里，几乎没有一起国宾访华的名单和日程是一成不变的。那时没有电脑，重复劳动成为我的家常便饭。国宾访华的安全和医疗保健、宾馆、乘车、赠礼方案等，是礼宾官必须仔细考虑之中的。国宾抵京后，我们就开始在钓鱼台宾馆紧张工作，有时还得提供一天 24 小时的服务。几天之后国宾离华，我和同事才拖着疲倦的身子回家。回家顾

马来西亚沙捞越州政府元首授予作者勋章

不上休息，又得迎接新任务，真是站不旋踵。

1975 年美国福特总统访华，总数 450 人，其中正式成员 37 人，记者 170 人。我参加福特总统访华先遣组接待，深感到礼宾人员的担子重了，尤其接待美国总统访华，要面对大“折腾”考验。时间紧、人数多，做好接待并非容易，必须以忘我的工作精神和严谨的工作作风面对大“折腾”。

1998 年 6 月 25 日至 7 月 3 日美国总统克林顿对我国进行国事访问，在华访问 9 天，访问了北京、上海、桂林和香港。这次随克林顿总统访华的人数是历来最多的，共有 1200 多人。总统夫人、女儿、岳母以及 5 位部长、6 位议员及国家安全事务助理、太平洋舰队司令等。随行人员当然还有总统的贴身服务人员和夫人希拉里的理发师。随团采访的记者有 375 人，其中 200 人可以随机前往，团中套团。除总统专机空军一号外，还要用 3 架客机和好几架 C-141 运输机，美专机在华停降 93 架次，除了运送人员外，还运送通讯设备 83 吨，防弹车、生活用品等大量后勤保障物品 100 多吨。这次随团而来的还有两辆黑色的专用安全通讯车、10 辆防弹车、受到严密保护的总统标志和防弹的放讲稿小台架及饮用水等设备与用品。一位白宫的先遣人员开玩笑地说：“几乎要把整个白宫都搬到中国去了。”其费用难以计算。安全、后勤等先遣组先后共 3 批，每次均在百人以上，在京与中方有关部门举行会谈，看总统计划访问的场所，仅第二批先遣组在京看点就有 53 个。显然组织接待工作复杂、难度大。

一般情况下，礼宾官很少遇到这些大“折腾”，但随着国宾访华越来越多，大“折腾”是难避免的，认真应对，认真细致，做好每件琐碎平凡事情，才能确保国宾访华成功。

走后门的里根总统

国宾在华活动都喜欢堂堂正正走正门，走有气派或装饰崭新的正门。哪位访华总统喜欢走边门、走后门？在我记忆里，唯独美国总统里根访华时喜欢走边门、旁门。

1984 年 4 月 26 日至 5 月 1 日，美国总统里根应邀访华，夫人随同。这是中美 1979 年 1 月 1 日正式建交之后，美国第一任在职总统对中国进行国事访问。

国家元首互访，是两国关系中的一件大事。里根总统应邀正式访华，中方当然像接待其他国家元首一样热情隆重，礼仪周全，并采取各种各样安全措施，确保他们在华的安全，做到万无一失。

这位美国总统访华，排场大，要求多，安排复杂，先后派了数个先遣组。各个先遣组任务不同，光安全先遣组就有管总统夫妇饮食起居，有管随身警卫，有管交通安全等等。尽管外交部主管礼宾的韩叙副部长向美方表示，中方完全有能力充分保证总统的安全。但美方对中国安全措施还是将信将疑，并不断提出可笑的要求。美方提出要派其特工人员下厨房监督中国厨师做菜，说他们总统吃的东西都必须经过特工人员检查。韩叙听了哭笑不得，说："给美国总统吃的东西，我们领导人也同样吃。"也许美国安全官自己也觉得这要求太荒唐，因此再不坚持。实际上，里根总统夫妇在中国宴席上每次都吃得津津有味。在钓鱼台国宾馆，总统随行"御厨"为里根总统夫妇准备早餐和平时用餐。中方在总统套房备餐间安放的各种物品全被搬到了走廊里，当然谈不上他们吃中方准备的早餐了。可口可乐、橙汁，去咖啡因的咖啡等各种饮料，都是从美国运来的。其实，中方知道里根只喝去咖啡因的咖啡，宾馆都给他准备了，美方安全人员就不让里根喝。钓鱼台国宾馆人员也感到莫名其妙。

他们每到一处，中方从礼仪考虑，总是安排里根总统夫妇堂堂正正走正门，走崭新的正门，并告知中方主人将在那里迎接。但美方的安全官总是提出里根总统走边门或旁门。中方负责安全警卫的同志说："这样可能不太好吧，显得对总统不礼貌似的。"美方安全人员说："没关系，我们总统已习惯走边门了。"在北京时，里根总统去长城饭店出席招待会，不走正门。车子径直开到饭店南边的车库门口，进入车库后，穿过装修简单的水泥走廊，经过两旁厨房、库房和服务人员办公室等后勤设施，最后才到达大堂。在西安参观兵马俑博物馆后去参观当地一个市场，里根出发前还得穿上防弹背心，就怕受枪击。

为什么里根总统处处成为惊弓之鸟呢？事出有因。原来里根就任总统的第70天，曾经发生震惊世界的里根遇刺事件。1981年3月30日，里根在华盛顿一家旅馆的宴会厅发表午宴演讲后离开时，遭到枪击。他的新闻秘书的头部被击中，以致瘫痪。里根总统本人也中了一颗枪弹，幸好不是致命的，10多天后康复。后来得知，枪击者是一名"精神错乱者"。来中国访问时，其内心的担忧还在。此事对其安全人员压力很大，来华后他们的神经仍然极度紧张，偏爱走边门，看来也不难理解！

病房里的元首会见

按照礼宾习惯，不能安排国家主席在病房里会见来访的国家总统！在我的记忆里有一次例外，病房里两国元首会见成为美谈趣事。

1990年6月26日至7月1日，应时任国家主席杨尚昆的邀请，乍得总统哈吉侯赛因·哈布雷来华进行正式访问。25日，乍得总统抵京前夕，杨尚昆因患阑尾炎突然住院手术治疗。礼宾司长江康紧急约见乍得驻华大使阿里，通报杨主席的病情，并告知中方将由时任副主席的王震出面接待。阿里表示，乍得总统已在来华途中，他本人难以做主，等总统抵京后，请中方直接告知。

哈布雷总统专机准时于26日下午1时45分抵京。在前往钓鱼台国宾馆途中，陪同团长陈敏章部长向乍得总统哈布雷通报了杨尚昆因病住院有关情况。总统听后未作任何表示。到达宾馆后，乍得驻华大使告诉中方：由于旅途劳顿，总统需要休息，当天下午的欢迎仪式和当晚的国宴取消，其他日程待商定。显然，乍方对中方的安排产生了误会。

当晚6时，双方有关官员就哈布雷总统访华日程进行磋商，但未达成共识。当晚9时，乍得外长奥马尔、新闻部长赛义夫和乍得驻华大使阿里紧急约见陈敏章等人。外长奥马尔首先祝杨尚昆主席早日康复，接着宣布乍方的决定：鉴于乍中两国关系友好，这是乍得总统哈布雷首次访华，应当尽可能取得成功，但看起来难以实现，建议在正式访问尚未开始前取消这次访问，以便日后再来。

乍方的这个计划，让在场的中方人员都感到吃惊。但陈敏章仍沉着冷静地解释说：杨尚昆主席生病25日晚上才被确诊，不可能提前通报乍方。中方已为哈布雷总统的日程安排做出很大努力，实质活动都未改变，总统抵京的消息已登报，国内外记者都知晓，突然中断访问定会产生更大的误解。中方真诚希望哈布雷总统能继续访问并取得成功，请乍方重新考虑刚才的决定。

为了消除乍方的疑虑，陈敏章根据时任总理李鹏的指示，提出了新的调整日程方案：国宾接待规格不变，热烈隆重欢迎。通过一番真诚的安排和沟通，最终感动了乍得贵宾。

6月27日上午10时，王震受杨尚昆委托在人民大会堂东门外主持隆重的欢迎仪式。随后王震礼节性会见哈布雷总统及夫人，会见时，王震代表杨尚昆和中国政府热烈欢迎哈布雷总统访华，解释杨尚昆因病住院不能亲自接待。当天上午11时，李鹏前往钓鱼台国宾馆会见哈布雷总统并举行正式会谈。中午李鹏和夫人朱琳在钓鱼台芳菲苑为哈布雷总统及夫人举行欢迎国宴。当晚，时任国务委员的李铁映为哈布雷总统及夫人在钓鱼台养源斋举行便宴，并递交杨尚昆的亲笔信；28日上午哈布雷总统参观故宫后，在中南海会见时任总书记江泽民；28日下午哈布雷总统到301医院看望杨尚昆。中方的特殊安排，满足了乍方的要求，解除了他们的疑虑，哈布雷总统十分感动。

28日下午6时话别的时候，哈布雷总统动情地对王震说："我在这次访问中结识了中国领导人，深感荣幸，特别是杨尚昆主席在病床上，仍同我进行了亲切友好的交谈，使我深受感动。这次访问非常顺利，在北京生活十分愉快，度过了一段美好的日子。”哈布雷总统在回国前，分别向江泽民、杨尚昆和李鹏写了感谢信，新闻部长赛义夫感慨地对我陪同人员说：“如果我们在别的国家做出取消访问的表态，人家不会予以挽留，中国没有这样做，表现出一个大国的度量。”

国宾温馨之家

钓鱼台国宾馆在历史上是著名的风景区，迄今已有八百多年的历史了。钓鱼台于 1959 年正式成为国宾馆，成了访华的国家元首和政府首脑等政要人物下榻的地方。它占地面积 42 万平方米，其中湖区面积为 5 万平方米，是一座规模宏大、环境优美的国宾馆。

国宾馆中作为国宾下榻的 15 幢别墅楼，建筑造型不同，风格各异。芳菲苑是一座宽阔明亮、装饰美丽大方、光彩夺目的宴会大厅，也可作大型集会之用。芳菲苑里还有庄重宏伟的会谈大厅、雅致舒适的会客室。

国宾馆设有俱乐部，它于 1986 年建成，设计新颖，环境幽雅，有大小酒吧、美容室、保龄球室、台球室、桥牌室等，服务设施齐全。

国宾馆拥有多名厨师，烹饪技艺高超，掌灶名厨善制中、西名菜肴，博各系菜肴之长，自成国宾馆菜肴独持风格。国宾称赞钓鱼台国宾馆独特菜肴，称其“台”菜为名副其实的“秀色可餐”。

作者（右一）与非洲访华国宾在颐和园留影

钓鱼台国宾馆每年接待百余起访华国宾，见证新中国外交半个多世纪的历史进程。国宾馆是国宾的家，根据国宾的生活习惯、特点及爱好，做好生活接待。国宾下榻这里就像在家一样，使客人感到宾至如归。例如：1972 年 2 月，作为新中国成立后第一位访华的美国总统，尼克松在此下榻。尼克松是一位酷爱音乐的政治家，弹得一手好钢琴。来京前礼宾司在国宾馆总统套间里安排了一台高级中国制造的钢琴，尼克松来到宾馆步入总统套间时，一发现这台崭新的钢琴，还未休息一下，就兴致勃勃地弹起来！尼克松连声称它："好琴！好琴！"又如：1975 年，美国总统福特访华，事先得知，他身体魁梧，身高超两米，就请国宾馆专门为他特制一张长两米多的坚固舒适睡床。他见到它很高兴，感谢中方细致周到的安排。他说他可以每晚睡好觉，以旺盛的精力参加活动了。类似的例子不胜枚举。

1970 年 10 月上旬金日成首相访华，1986 年 10 月 12 日至 18 日英国女王伊丽莎白二世偕菲利普亲王访华等等，都愉快地下榻在这里。他们都高兴而来，满意而归。

前些年我参加外交部离退休干部在钓鱼台国宾馆芳菲苑举行的"共度重阳"团拜会时，一位老同志对我说："钓鱼台国宾馆是你的半个家。"这句话让我感慨万端。我在礼宾司任职多年，职责所在，真说不清去了多少次钓鱼台宾馆接待国宾。我高兴得知：到 2000 年钓鱼台国宾馆接待奥地利总统时，共计接待 800 起国宾，到今天已接待有 1000 多起国宾访华了。

作者小传

吴德广，1938 年出生于广东潮州，1965 年毕业于外交学院，后进入外交部礼宾司。1989 年 12 月任礼宾司政工参赞、司领导成员之一。1994 年 3 月至 1998 年 8 月首任中国驻古晋总领事。著有《世界各国国旗》、《从礼宾官到总领事》等书。现为外交部老干部笔会副会长兼秘书长。

周恩来与非洲心心相印

◎文并图 / 陆苗耕［前驻开普敦总领事］

几内亚位于非洲西部，南濒大西洋，1958年获得独立。几内亚人民在塞古·杜尔总统领导下积极支持非洲国家的民族解放和独立，尤其在西非地区发挥着重要的先锋作用。帝国主义和殖民主义对新生的几内亚共和国十分仇视，想方设法进行破坏和颠覆。

对几内亚的危急局势忧心如焚，连夜开会商量对策

1970年11月22日凌晨3时，葡萄牙殖民主义的雇佣军从西非几内亚湾海域分乘十多艘舰艇向几内亚首都科纳克里进犯。雇佣军约350多人，有来自几内亚（比绍）、上沃尔特（今为布基纳法索）等国的非洲人；也有几内亚政府的敌对分子，穿着几内亚人民军一样的军服，只是臂上多系了一条绿色布条；还有白人雇佣军，故意将皮肤涂黑，做了狡猾的伪装。雇佣军在战斗机的掩护下，分成几股在科纳克里东部、西北部和西南部登陆，疯狂地袭击发电站、总统别墅（因杜尔未在幸免于难）、两个兵营以及国际机场等重要地方。他们很快占据了发电站和两个兵营，对总统别墅进行焚烧。进入市区的雇佣军肆意向居民扫射。瞬间，科纳克里沉浸在一片恐怖和战火之中，

形势告急。非洲国家和国际社会都为之震惊，这是一次赤裸裸的殖民主义者的侵略行径。

当时，我国正处于“文革”动荡时期。周总理在日理万机之时，仍高度关注几内亚人民抗击葡雇佣军的侵略行径，当夜即通知外交部领导同志，并破例召集非洲司的全体工作人员，一起来中南海共同研究几内亚的紧张局势，并做出重要指示和工作部署。

1970 年 11 月 22 日晚上 11 点多了，我正准备就寝，突然传来紧急的敲门声。原来是传达室老师傅通知我迅速到外交部集中，说有紧急事情，是外交部值班室打电话通知的。我即以最快的速度奔赴外交部。我部办公楼前广场上人影憧憧。经了解，说是周总理要在中南海召见外交部同志研究几内亚被入侵的有关情况。不一会儿就聚集了四五十人。领队即招呼大家迅速上车前往中南海。

将近午夜 12 点，我们抵达了中南海一会议厅，部领导和有关司负责人已就位，大家以半圆形围坐。一会儿，周总理在秘书的陪同下，健步进入大厅，同志们不约而同地爆发了一阵热烈的欢迎掌声。总理在中间前方的位子坐下，并请同志们向前靠近坐。周总理说，今天我非常高兴同外交部同志一起研究几内亚局势，并彬彬有礼地表示，请允许我熟悉一下在座的各位。总理根据提供的名单，俨然像课堂上的一位老师，认真地逐一点名。同志们一边回答“到”，一边站起来。总理总是以慈祥的目光注视，并说“请坐下”。大家都感到十分温暖。

点名时，总理不时向同志们问及来自何地、上何大学、在何驻外使馆工作过等情况。记得总理曾问我办公室一位同事家乡是何处？当告诉是河北乐亭县时，总理饱含深情地说，呵，那是李大钊同志的家乡呀！总理十分平易近人地与非洲司一位同志对话，当得知这位同志曾在我驻坦桑尼亚大使馆工作好几年，便问，你懂当地斯瓦希里语吗？这位同志回答，懂英语，只略懂一点当地语。总理问，你多大年纪了？答曰：“42 岁。”“呵，你还年轻，希望有机会学习当地语。”在总理眼中 42 岁正当年，还是学习好时机。总理的这番话对年轻同志的钻研业务、提高外语水平启发和鼓励很大。总理愉快地与同志们交流，使身居高位的国家领导人一下子与每位同志的距离拉近了，人人脸上洋溢着笑意。

给予财力和物力上的援助，支持几内亚捍卫民族独立

接着，周总理要求大家对几内亚局势发表看法，畅所欲言，各种观点都可谈。听老同志们说，总理经常要求工作人员讨论问题时，思想要开阔，可以无拘束地发表看法，以便集思广益。首先由主管几内亚的同志简要汇报葡雇佣军入侵几内亚情况。总理非常仔细地听着，不时插话和提些问题，会场上呈现非常融洽的交流气氛。周总理曾经在 1963 年底和 1964 年初进行亚非 14 国之行时访问过几内亚，虽然时隔六七年了，但对几首都仍记忆犹新，非常熟悉地与同志们交谈关于雇佣军入侵路线、登陆区和攻击点等情况。大家对总理的惊人记忆力和情系非洲国家钦佩不已。周总理总是把出国访问，当作是熟悉受访国情况和学习该国的一次极好机会。当汇报人员谈到，杜尔总统正调动军队，同几内亚人民一起英勇抗击葡雇佣军入侵，敌人的猖狂势头有所减弱，总理的凝重神情才有所缓和。

尽管时针已指向凌晨两点多钟了，总理依然沉浸在亢奋的工作之中，毫无倦意，除关心几内亚当前局势外，还了解几内亚基本国情，饶有兴趣地听取曾经在驻几内亚使馆任政务参赞的赵源同志的介绍，并不时穿插讲话。赵参赞如数家珍地谈及几内亚的地理、历史、部族、风土人情、经济发展、农村生活等情况。

最后，周总理向我们强调，一定要高度关注几内亚局势动向，非洲民族独立运动正在向纵深发展，葡殖民地人民必将赢得独立和自由。我们一定要全力支持几内亚人民捍卫国家主权的正义斗争，决不容许殖民主义者入侵阴谋得逞，否则就是在非洲出现恶劣的先例。总理指示我国驻几内亚使馆和国

内有关部门迅速采取行动，做出具体工作安排，以便最有效地支持几内亚人民和非洲人民的英勇斗争。周总理此次召开的工作研究会长达三个多小时。

在毛主席和周总理的关心下，我国对几内亚人民维护国家独立的斗争作出了及时的、坚决的支持，包括财力和物力等方面的帮助。我国政府就几内亚局势发表郑重的政府声明，周总理对声明稿逐字逐句进行审改。声明高度赞扬“几内亚人民不仅是在为祖国的独立、主权而战，也是为非洲国家的独立、主权而战，为全世界一切珍视自己独立和主权的国家而战”。声明还斩钉截铁地指出，“绝不能让美、葡帝国主义的阴谋得逞，否则，今天在几内亚出现的事情，明天就会在非洲和世界其他国家出现”。声明按照周总理的主要意思撰写，有的地方直接引用了原话。在周总理的具体关心下，中国政府在 24 日即向几政府提供 1000 万美元的现汇援助。不久还应几政府的要求，中国政府向几内亚援助一批医疗器械和药品，以及其他方面的援助。几内亚政府对中国的支持和帮助，深为感动，专门派出部长来我国致谢。许多非洲国家热情赞扬中国是非洲的患难之交。

积极支持非统组织的团结合作

1963 年 5 月下旬，非洲 30 多个独立国家首脑在埃塞俄比亚首都亚的斯亚贝巴首次聚会，成立了“非洲统一组织”，通过了非统组织宪章，规定每年举行一次首脑会议，强调加强非洲团结合作，从非洲根除一切形式主义的殖民主义。当时该组织中仅有 10 个国家与我国建立外交关系，而台湾当局竟与 16 个非洲国家保持所谓的“外交关系”。

1963 年 12 月周总理访问埃及与纳赛尔总统、陈毅副总理在一起

周总理不以形而上学的观点看待这一组织，而以敏锐的国际观察力，认为这个组织富有朝气，具有强大的生命力，是非洲奉行独立自主、加强团结合作，进行反帝反殖斗争的一个新生的洲际组织，应予以满腔热情的支持。周总理即向该组织发去贺电，受到了非洲国家的热烈欢迎。此后，每年非统组织举行首脑会议时，周总理总是致电祝贺，高度评价非洲国家取得的成就，并祝贺中国与非洲国家的友好合作关系不断发展。正是周总理的积极推动，中国与非统组织的友好关系得到了不断发展。

我在外交部非洲司工作时，曾经有较长时间主管非统组织事务，多次聆听到周总理对非统组织的夸奖和赞美。他指出，非统组织非常了不起，这是当今世界最大的洲际组织，反映了非洲国家团结合作的兄弟情谊，我们应该好好向非洲人民学习。当时，我和同事们听后都十分兴奋，钦佩周总理对非洲怀有深厚感情，善于发现非洲国家和人民的长处和优点。

周总理不仅在政治上关心非统组织的发展，而且予以物质和财政等多方面的支持和帮助。1974 年 3 月，非统组织解放委员会执行主席、索马里外长加利卜率领非统友好代表团访华，这是非统成立以来首次派团访华。代表团抵京后向中方表示，现在我们决心要彻底解放非洲大陆。为此，我们到我们的同盟国——中国来。中国对非洲解放运动的支援，过去是通过有关非洲国家向各解放组织提供的，对此，我们不干扰原来的援助方法，但我们有两个新的要求：一是大量增加直接的物质和军事援助；二是通过解放委员会提供一些物质和军事援助。

根据我在非洲司的工作惯例，以往我国对南部非洲解放组织的援助，一般通过有关国家向他们提供，如通过非统组织解放委员会援助，将发生手续麻烦、操作上困难较多等问题。当时周总理尽管身患重病，仍是非常热情地出面会见代表团，并且对代表团提出的援助要求，当即慷慨同意。周总理向代表团全体成员表示：中国过去对南部非洲民族解放运动和反对白人种族主义斗争的援助，多数通过坦桑尼亚、赞比亚、刚果（布），后来有扎伊尔。这次又多了非统组织。这就更好了，因为非统组织代表了非洲。周总理还高

1964年1月周总理访问加纳时拜会恩克鲁玛总统

兴地说，今后我国援助的方式，一种是通过非统组织，一种是通过双边直接援助，两种形式并行进行。周总理十分善解非统组织代表团提出的要求，并且站在全非的角度考虑问题，使棘手的事情得到了圆满解决，我们几位具体工作的同志获益匪浅，真是跟着周总理学外交。

后来，我国政府决定给予非统组织解放委员会50万美元的财援和其他方面的援助。加利卜团长对中国提供的援助表示满意和感谢，并保证将援款存入“非洲解放特别基金”。

告诫刚果（布）领导人严防前门驱狼、后门进虎

上世纪六七十年代，非洲独立国家普遍面临着如何进一步巩固政权，如

何处理新老殖民主义势力，如何对付美苏两霸的争夺等等复杂问题。有些非洲领导人带着上述问题访华，倾听中国领导人的看法。周总理总是认真听取对方的介绍，然后应对方要求，介绍中方的意见，帮助非洲国家分清主要和次要矛盾，认清工作的重点和大方向。非洲领导人很钦佩周总理给予的中肯建议。

刚果（布）地处非洲中部，是一个富有朝气的年轻国家，执行对我国友好的政策。1969 年 9 月恩古瓦比总统派总理阿尔弗雷德·拉乌尔率政府代表团访华。中国政府十分重视他们的来访，毛主席会见了代表团。周总理同代表团举行多次会谈，广泛交换意见和看法，后又单独同拉乌尔总理进行了谈话。拉乌尔总理介绍了中部非洲的政治形势、美国和法国在这一地区争夺势力范围的斗争以及刚果（布）四面受敌的情况，并称刚果（布）全国革命委员会领导机构打算在 1969 年底前把法国控制的铁路、港口收归国有，公开与法国对抗，并就此征求周恩来总理的意见。

刚果（布）长期以来是法国殖民地，人民痛恨法国的压迫和剥削，是完全可以理解的。周总理在听取对方意见后，冷静地予以分析。周总理说：帝国主义进行颠覆主要还是通过内部因素。刚果（布）当前最迫切的问题是抓军队，应使军队成为刚果（布）民族民主革命政权的支柱，而不致被帝国主义、反动派所收买。刚果（布）当局如现在就把铁路、港口收归国有，将遭到法国和周围一些国家的反对。“必须警惕刚果河对岸有一个更凶恶的敌人——某超级大国。”周总理直言告诫他们不要前门驱狼，后门进虎。拉乌尔总理感谢周总理的中肯意见和及时提醒，帮助他们正确处理驱狼与拒虎的关系。

1973 年 4 月周总理接见尼日利亚政府代表团成员（二排右一为作者）

周总理此次同拉乌尔总理谈话长达 5 个多小时，我方翻译和记录人员轮换上阵。周总理自始至终精神矍铄、专心致志。他对非洲朋友的这种真挚热忱和高度负责的精神深深地感动了大家。我当时参与接待工作，安排在简报组，除了与同事一起撰写接待代表团简报外，还要整理我国领导人同主要外宾的谈话记录。周总理对翻译人员非常关心，深知他们工作十分辛苦。在会谈时的工作用餐，译员往往顾不上吃，总理嘱咐对主要翻译人员工作结束后用餐要多关心一些，除提供正常的一份饭菜外，另增四分之一只白切鸡。在当时物质生活十分匮乏的情况下，周总理无微不至的关怀，给人们以特别的亲切和温暖。

慷慨接受修筑坦赞铁路的请求

中国在非洲援建的最大项目坦赞铁路，全长1860公里。工程十分艰难险阻，仅修筑桥梁达320座，完成石土方量8800多万立方米，如筑成长高宽各一立方米的长堤，可绕地球赤道两周多。中国先后派出各类工程技术人员5万人次（其中65名人员为此工程献出了生命），坦赞两国参加的工程技术人员有10多万人。

周总理为这项远隔重洋的巨大工程倾注了许多心血，直至生命垂危之时。周总理与尼雷尔总统、卡翁达总统在建设坦赞铁路中结下了深厚友谊，感人的事例不胜枚举。我常常为我国领导人的国际主义精神所感动，也坚定了我对非工作的信心和决心。

周总理对修建坦赞铁路从一开始就高度重视和满腔热情地支持。坦赞两国领导人为修坦赞铁路曾向西方大国、世界银行和苏联提出过要求，但都没有结果。1965年2月尼雷尔总统首次访华。访华前夕，我驻坦桑尼亚大使何英，向国内报告中指出，尼雷尔此次访华有可能试探我援建坦赞铁路的可能性，并建议如国内财力许可，最好能援建。

周总理接报后，就约陈毅副总理、对外经委主任方毅、铁道部部长吕正操等负责同志共同讨论，一致同意坦赞两国不顾帝国主义的威胁利诱，积极支持南部非洲的民族解放运动，这种精神极为可贵。尼雷尔总统亲来求援，应该满足其要求。关于费用问题，周总理提出了一次拿出当然困难，可在修建中逐步拨出，我们还是承担得起。周总理便在外交部的请示报告上写了如下批语："呈主席、少奇同志审阅。为援助非洲新独立国家和支持非洲民族解放斗争，如果尼雷尔总统访华时提出援建铁路问题，我意应同意，当否，请指示。"毛主席看过报告后，很快请周总理来商量，并表示同意。

尼雷尔总统访华时，在我国对外援助八项原则的感召下，终于在同刘少奇主席和周恩来总理会谈时，试探性地提出了修筑铁路的设想，委婉地说："如果你们可以考虑的话，同意帮助修建坦赞铁路，我们将感到很高兴；如果你们有困难的话，我们完全可以理解。"两位领导当即表示同意修建坦赞铁路。后来，毛主席会见尼雷尔总统时明确地说："你们有困难，我们也有困难，但是你们的困难和我们的不同，我们宁可自己不修铁路，也要帮助你们修建这条铁路。"周总理说，坦赞铁路建成后，主权属于你们和赞比亚，我们还会教给你们技术。

亲自安排援建细节，直至生命垂危

周总理非常尊重坦赞两国对铁路修建的意见，决不强加于人。西方国家获悉中国愿援建后，便猛烈攻击中国，称中国援建坦赞铁路是为了"给中国渗入非洲的计划增加吸引力"，坦桑尼亚"正在被中国共产党用作颠覆基地"；同时西方做出要援建的姿态。

1965 年 6 月周总理访问坦桑尼亚，尼雷尔总统坦诚地表示：他不相信西方国家真有诚意，但他深知中国并不富裕，还要援助许多国家，援建坦赞铁路是中国一个沉重负担。因此，他拟同卡翁达总统一道，在即将召开的英联邦会议上再做一番努力，迫使英联邦成员国援建坦赞铁路。周总理也恳切地表示：西方国家果真能修，中国乐观其成；如果他们提出苛刻条件，尼雷尔总统可以用中国援建条件同他们斗争；如果他们只喊不修，中国照修；如果他们中途停修，中国接着修；为配合尼雷尔总统的斗争，中国尽快派出考察组赴坦桑考察。这一席肺腑之言，使尼雷尔总统更加钦佩中国对外援助的诚意和周总理处处为他人着想的光明磊落的胸襟。

英联邦会议对坦赞铁路的承建未达成协议，使尼雷尔总统又一次认清了西方的意图。当时，卡翁达总统对中国还缺乏了解，仍寄希望于非洲发展银行和英、法、日私人公司承建，但最终也落空。后经尼雷尔总统推动，卡翁达总统派副总统卡曼加于1966年10月访华。周总理豁达大度地向对方表示：中国对坦、赞两国一视同仁，赞境铁路如果西方能帮助修，希望处理好两国铁路衔接问题；如果他们不愿帮助，中国将按坦境路段的条件给予援助。赞比亚朋友听后十分感动。于是卡翁达总统在1967年6月下旬亲自访华，正式提出援建要求。他对于中国高规格的接待和慷慨承建赞境内铁路，感到十分喜悦。回国途经坦桑尼亚时，向尼雷尔总统等不断夸中国的友好。

周总理精心安排坦赞铁路建设中的方方面面的工作。他指示和督促国务院有关的15个部门和有关地区，都要把各自承担的援建任务列为优先确保项目；强调全国一盘棋，保证资金和设备物资的及时供应。他指示铁道部选派得力干部组建专门机构，负责办理援建的组织和归口管理工作。关于铁路的施工部署，周总理经周密考虑后提出由东向西，先坦后赞，充分利用坦赞铁路自身能力，运送国内提供的大批物资，以大量减少费用。在施工安排上，周总理要求尽量提高机械化程度，大大减少出国人员；所需施工机械基本上由本国生产，我国内一时无法生产的，可向国外采购。

关于坦赞铁路的工期问题。铁道部曾提出了6年、8年、10年三个方案。周总理认为应在确保工程质量的前提下，尽可能缩短工期。他亲自与坦、赞有关方面商定：工期计划6年，希望能够缩短。周总理在日理万机中经常听取坦赞铁路的修建情况，即使在病重住院期间仍十分关心工程的进展。1975年10月，坦赞铁路完成了全线铺轨工作。当有关负责同志向周总理报告这一喜讯时，周总理躺在病床上露出了笑容，并喃喃自语：用不了6年，用不了6年……

坦赞铁路是中非友谊的永恒丰碑，周总理为它倾注了无数操劳的心血。

作者小传

陆苗耕，1940年生，上海奉贤人，1965年毕业于复旦大学中文系。曾任外交部非洲司处长、参赞，中国驻南非研究中心副主任，中国驻开普敦总领事。现为中非友协顾问、中国国际问题研究基金会研究员。著有《彩虹之国——南非》，主编《同心若金》、《中国大使讲非洲故事》等书。

一个人的荒岛使馆生涯

◎文并图 / 吴钟华［前驻基里巴斯使馆临时代办、
前驻美洛杉矶总领事馆副领事］

由于工作需要，我于 1989 年 5 月 9 日赴驻斐济使馆工作。瓦努阿图和基里巴斯与我有外交关系，但没设使馆，由我国驻斐济大使兼任这两国大使。1990 年 2 月我受命去基里巴斯建馆并任临时代办。

1990 年 2 月 24 日我一人登上小飞机。飞行近十个小时，到达基里巴斯首都塔拉瓦。该岛仅 27 公里长，一两百米宽，没有电视，没有广播，没有报纸，文化生活等于零，物质生活处于半原始状态。于是我开始了一人一馆，岛国三年鲁宾逊式的荒岛生活。

作者与基里巴斯总统塔巴依夫妇合影

开馆亮相，独自一人举办开馆招待会

2 月 24 日是星期六，我决定于 2 月 28 日举行开馆招待会，除掉星期日，只有 3 个工作日，在 3 天内，要装电话、传真、买汽车、挂馆牌、准备临时的旗杆……最紧要的是，我必须在 26 日星期一把 100 多张请帖准备好，并全部发出去。我抓紧一切时间，充分利用周日这天，第一先买油盐米面；第二挂出馆牌；第三打出 100 多张请帖、信封。我顶着似火的赤道骄阳钉馆牌，很快晒掉一层皮。馆牌、锤子、钉子都是从斐济带来的。

26 日、27 日我马不停蹄地装电话、传真机，买汽车，买保险柜，发请帖。我按小时排出工作程序，自己给自己下个死命令，不管多紧张，不管多累，必须完成。

28 日我从早 6 点起来就开始布置准备，其实前几天晚上我都已在收拾。因馆舍是临时租的，房子空了好久，无人居住，室内无任何东西可以装饰，我只是挂了一幅从驻斐济使馆带来的具有中国特色的中国挂历，放一些宣传品。之前，我已同基里巴斯唯一的小旅馆“欧森泰”旅馆商妥，招待会的食品由他们提供，我开了几个从驻斐济使馆带来的中国罐头。

招待会准时开始，客人们徐徐而入。我在门口迎客，时而又到里面让酒陪客。招待会完全按我设计的程序进行。很多朋友还不知道使馆就我一人。有的朋友东看看，西看看，还到小厨房看看，甚至疑惑地问我，今晚的招待会都是你一人准备的吗？我表面上让人看着轻松，有说有笑，其实我头脑里、眼神里都在工作。为了作个纪念和留下点资料，我还忙里偷闲，照了几张照片。招待会进入高潮，我开始讲话。我说，中国在基里巴斯建立大使馆，是中基关系史上一件大事。今晚开馆招待会，塔巴依总统和夫人亲自光临，政府内阁全体成员，以及这么多的基里巴斯朋友参加，说明基里巴斯政府和人民十分重视。我感谢各位的到来。作为开馆的首位中国外交官，我感到十分荣幸和高兴。我将以此为契机，为进一步发展中基友好关系做出我的努力。

我相信，在我的今后工作中，将会得到基里巴斯政府和人民的支持和帮助。

我的讲话得到热烈的鼓掌。接着基里巴斯外交部代表讲话。朋友们频频举杯，欢庆中国大使馆开馆。

招待会计划是晚上6点半至8点，而实际上最后一个客人走的时间是深夜11点多，这时我才发现我的衣衫已被汗水湿透。这一天我从早6点一直忙到深夜12点，双腿都僵直了，连床都爬不上去，可是我还不能休息，必须将招待会的消息尽快发出去。

险情不断，被撞被抢后首先想到的是文件

招待会后，我便计划上半年的工作。可是计划还没做，意想不到的事情就发生了。3月2日早晨。我刚开门对外，警察局便来人通知在使馆附近发现了一个没爆炸的500磅炸弹，当天要请专家排除，为防止意外，附近的居民须躲避一天。我的临时馆舍并不在塔拉瓦岛上，而是在它西边1000多米之外的贝霄岛上。

第二次世界大战期间，小岛先由日本人占领，后又被美国攻下。美国在一周内向仅有1.5平方公里的小岛投下了3000多吨炸弹和炮弹。战后几十年，直到现在，岛上还不准火烧垃圾，因为怕碰上没有爆炸的炸弹。现在情况这么紧急，我只好躲到塔拉瓦岛去。我带上几片饼干赶紧离开，直到晚上才回到使馆，在外边整整一天没吃饭。

第二天我开始规划上半年的工作。以对外工作为主，建馆工作同时进行。计划刚刚开始实行，险情再次出现。一个周末，我一人实在孤独，只好在海边散步。海边与公路有段距离，我注意到公路上没有多少行人车辆。突然，我感到好像什么东西撞了我一下，随即就失去知觉倒在海边。也不知道过了多久，当我醒过来时，一群岛民围着我。这时我才感到双臂麻木，无力支撑。我发现在我前面躺着一个年轻人和一辆摩托车。人们见我醒过来，一位会说

英语的岛民告诉我，是那个年轻人用摩托车撞了我，他是酒鬼。

国内考察组成员来基里巴斯时，在驻基里巴斯大使馆门前合影

工程部部长挤过来，让人们把我扶起来，问怎么样。我双臂开始有点感觉，他见我既没死也没受伤，忙说这是万幸。因为两周前，他的一个亲戚就是在这儿被一个喝醉了骑摩托车的人撞死的。这时我才感到后怕，这次我若是被撞死，保险柜内数万澳元的建馆费、文件、我的使馆，这不都成了死案了吗？于是我把保险柜的开法用中文写在我的工作笔记本上，万一我再出事，虽然“青山处处埋忠骨，何需马革裹尸还”，但国内总会来人处理后事，翻阅我工作笔记本，而当地人不懂中文，不会出事。这个笔记本，直到现在我还保存着。

从开馆到6月初，使馆的财产和文件虽然有限，总还是有些。我买了个保险柜，把钱、存折、支票、馆印、文件、照相机等，平时都锁在保险柜里。我每天外出办事，总是把所有门窗都锁好，晚上睡觉之前，把门窗再检查一遍。为了防止万一，我把手电筒放在床头，以备急用。因为使馆仅我一人，所以使馆和我个人的安全至关重要。

6月15日晚，我去参加一个招待会，时间是6点半至8点半。我于6点15分离开使馆时，天还大亮，我忘开个灯，锁门就走了。等我9点钟回来，一开门，听到楼上有跑步声，接着是跳楼声。不好，我大叫一声“谁呀”，我的声音都变了。我抄起门后的木棍就往楼外跑，围楼转了几圈不见人影，又赶紧回到屋里。我把所有的灯都打开，楼上楼下，旮旮旯旯，乍着胆子，都翻了一遍。发现保险柜完好，只是换衣服时放在枕边的几十澳元不见了，二楼的百叶窗拆掉几块，窃贼是从树上爬进来的。我赶紧报告了我的警察局长朋友，他答应尽快破案。那夜我亮了一宿灯，一分钟也没敢睡。第二天，我照常办我的公务。

“拼命三郎”，独自完成三件事：电影周、建设成就图片展、招待会

刚建馆时在馆牌和带国旗的汽车前留影

大难不死，我便计划开展工作。所有工作全由我一人来做，工作量之大可想而知。作为馆长，两国间政治、经济、文化等各方面的大事，当然是我的首要工作；作为馆员，使馆的礼宾交际、拜会宴请、联系接待，也是我自己来做；另外，我还是厨师、采购员、司机、招待员、会计……比起正常的使馆，我还多一项工作，一项非常繁重的工作，那就是使馆的一切建设，都由我从头做起：我要设计使馆的大门、篱笆、车棚、旗杆等等；我要满岛去买材料；我要找人施工、监工，关键时刻还得亲自干。

为了在千头万绪中不出纰漏，我养成了做计划的习惯。我每天、每周、每月、每年都有计划。真是岛国三年，我计划三年。

按照我的计划，使馆的工作迅速开展起来。我一个人陆续宴请了副总统、议会议长、各部部长和常秘。通过这些活动，我口头宣传介绍我国各方面的基本情况、方针政策。同时也对基里巴斯各方面的情况有了基本了解，积累了一些材料。

我了解到，基里巴斯的经济还属于自然经济，每年预算仅 2000 万澳元。主要收入靠外国渔船在其海域捕鱼所交的税收，这项收入每年可达约 700 万澳元，另一笔收入靠出口椰子干。预算不足的部分靠“预算基金”。基里巴斯有个大洋岛，盛产磷酸盐，英国人早已开采完，基里巴斯有笔收入存在伦敦，预算不足的部分就靠这笔基金补充。国家任何建设项目，即使是微小的

项目，全靠英国、澳大利亚、新西兰、日本和中国援助。1990年2月，我国向基里巴斯提供1500万元人民币贷款，用于加固和扩建它仅有的机场跑道。

这笔贷款从签字后，立项、勘探、设计、账务处理、施工等，全由我一人负责，我已记不清代表我国政府签了多少合同。所有的合同文本都由我一人打字，由我自己校对。我经常在夜深人静时打，因为白天事情太多，无法静下来。打完字马上校对几遍，之后放在床边，为的是第二天起来再校对，以便上班后与对方签字。

岛国三年，千头万绪的工作，我只出现过一个错。有一次打英文协议，把浅海水的“海”字，英文打成“sea”。浅海水的专有名词是“lagoon”。在签字之前，做最后一遍校对时，我发现错了，赶紧改过来再签字。更难的是与对方打交道，他们办事拖拖拉拉，又变化无常。当一切合同和准备工作完毕就要动工时，我被紧急约见，要求跑道修好后能飞737-400型飞机。我不敢相信我的耳朵，怕是听错了，我说我们签的所有合同上是说飞737- SP型，若飞737-400型飞机，现在已设计的跑道要加长，需填海75米，飞机的起降点都要加大力度。一句话，跑道要重新设计，费用要加倍，这一切都怎么办，我说，我无权答应，我要报告我国政府。

工作最集中，难度最大的是庆祝中基建交十周年的工作。建馆后，经国内同意，我馆在1990年6月25日中基建交十周年时，搞三项活动：中国电影周，中国建设成就图片展，一个庆祝招待会和几场小型宴请。于是，进入6月份，我就着手准备，一切从零做起，时间不够，我只有减少做饭、吃饭、睡觉的时间。经常到晚上发现中午蒸的米饭没动。图片的八个展架，要自己设计、自己买木板、自己做。十米长的横幅，中英文，要自己一针一针缝。我要找电影放映机，试片子。

到6月24日，徐明远大使从斐济来主持三个项目开幕式时，一切就绪。他非常满意，事后，他叫我“拼命三郎”。现在回忆起来，我也想象不出我是怎样完成这么大的工作量的。

馋菜断粮，把青苔铲下来，洗净晾干以解馋

基里巴斯与海水相连，睁眼是海，出门是海。由于自然条件的限制，基里巴斯不产任何蔬菜，当地人也不吃蔬菜，他们只吃生鱼生虾，那是他们的主食。首都塔拉瓦岛，因与外界有联系，外国人多些，每两个月有澳大利亚一条商船运来食品和生活用品。只有这时，才有些蔬菜和水果。我的冰箱100多立升，储藏的蔬菜只够吃几天，我只好苦等下班船来。刚上任时，每天吃鱼还觉得新鲜，没过多久，我就反感了，每天开冰箱看到鱼就肚子疼，后来不开冰箱，一想到鱼，就受不了。

有一次，我教一个妇女组织做红烧鱼，偶然机会，她们说院内有几棵树，树上的叶子可以吃，如果我要，她们可以给我几棵。我如获至宝，挖了两棵栽在屋前，有时做汤时放几片嫩叶，以此解馋。有时来船买到点菜，我总是尽可能地节省着吃，不浪费一点，就是剩下个小小菜疙瘩，我也舍不得扔，留下来每次啃点。

还有一次，我听说岛上一个背阴处有青苔，把青苔铲下来，洗净晾干可以吃。我铲了些，偶尔吃点，以解菜馋。

在基里巴斯的第一个新年快到了，我想无论如何，这个新年要找点猪肉吃。当地人有的也养猪，他们吃猪肉的方法还是原始状态，猪杀了之后，整个用火烤。过年那几天，哪里有猪叫，我就往哪里跑，可是到了那儿，眼巴巴地看着人家烤整猪。

最后，还是没吃上猪肉。

更让我难忘的是，有一次我差点断粮。由于我整天工作，1990年7月中旬的一天，我发现库存的粮食不多了，还只够两天。因当地天气太热，不能多存。我赶紧到商店再买点去。岛上的小商店又小又简单，就像我们农村的小卖部。我去了几个商店，都说米面卖光了，船期还没来。我心里有点发慌，马上开着车在岛上从东到西把所有的商店和小铺子全都扫了一遍，结果两手

空空。这可怎么好，为了生计，不能断粮。我一方面密切打听船期，一方面订妥三天以后去马绍尔共和国的机票，准备到时还没粮，就去那里采购。与此同时，我还通过朋友广开粮源，最后还是我的警察局长朋友尤萨先生给我解了难。他们有个小卖部，还有一定存货大米，可卖给我十几斤。我当即开车把米买到手，真是手中有粮，心里不慌。断米的难关终于过去了。

忠孝之泪，为了祖国的红旗和我回到集体的怀抱

那个时代外交官还不能带家属，更不能带子女，彼此联系只能靠两地鸿雁传书。基里巴斯与国内通信来往很慢。1990 年 4 月 23 日，我收到家书一封，告知我老父亲于 3 月 30 日去世。平平一封家信激起我内心千层浪，做儿子的我远在天边执行外交公务，因通信不便，不知父病，当有消息时，已是千呼万唤唤不归，儿子怎不难受。

1958 年夏天，我这个农民的儿子考上大学，那年我十九岁。当我第一次要离开家外出时，一贯不爱说话的父亲站在门口对我说："你出去以后别忘了家。"父亲这句淳朴憨厚老农民的话是对我的嘱咐。这个祖祖辈辈的农家出了个大学生，他既高兴也担心，担心自己的儿子因为进了城，上了大学，就忘了自己的根，自己的家。"你出去以后别忘了家"是他老人家千言万语凝聚的一句话。

在那段时间里，在完成千头万绪的工作时，内心深深藏着对父亲万般的悲痛，我身边没任何亲人、同事可诉说。就在收到信的当天下午 3 点，我照样参加基里巴斯法院新办公楼揭幕式，这是个喜庆的活动，我是满脸的笑容。第二天上午照样按时会客，晚上按计划宴请朋友，有谁知道我内心的悲痛啊。

有道是"男儿有泪不轻弹"，生活再艰苦，工作再累，我都能忍受，但有两次我确实情不自禁流泪了。那是为了祖国的红旗和我回到集体的怀抱。一次是当我正式在天涯海角，在我国最小的外交阵地，徐徐升起血染的五星

红旗的时候，我的眼睛湿润了。为了设计旗杆、底座、安装，我费尽心血，足足用了三个月。五星红旗，来之不易，升之也不易。另一次是“十一”国庆前，因基里巴斯不能印请帖，我决定回斐济一趟。当时，我发现自己已 7 个月没理发了。日期定了以后，我心里就一直不能平静。9 月 12 日，我登上了去斐济的飞机。飞机到了瑙鲁后，还有三个小时就到斐济，我心里激动得不能控制，脸紧贴玻璃窗，眼泪止不住地流，我就要到了，就要回到集体的怀抱。下午 4 点 45 分，我回到斐济使馆。徐大使和使馆同志们都在等着我，我再也控制不住自己。我和大家紧紧握手拥抱，欢笑拌着眼泪，言语带着激动，我回来了，我回到了亲人的身边。公务员小刘赶紧给我理发，炊事员小戴让我吃馒头……

跨越生死，孤独和疾病摧不垮完成使命的意志

由于庆祝中基建交十周年，没日没夜地工作，我终于累垮了。一天清晨，我突然感到心痛，接着是一身大汗，我知道心脏病犯了。我不敢动，静静地躺着。我还是按时起来继续工作，也没对徐大使说。一直到他要离开基里巴斯前一天晚上最后一场活动，我实在坚持不住了，很想趴在宴会桌上。肝痛、胃痛，心脏不好受，严重失眠。第二天，他要返回斐济，我理解他很忙，我说你走吧，我没什么，就是累的，休息一下就会好。我认识他一年多，从没提出过任何要求，这次我仅希望他在近几天每天下午 4 点左右，从斐济给我打一个电话。送走他，我回到使馆，烧一壶开水，煮一锅饭，放在床头，把电话拉过来，倒在床上就起不来了。静静地躺着，房后海浪涛天。我多么想有人跟我说句话啊，这也是我请徐大使每天给我打一个电话的目的。一连躺了四天，有点恢复，我又是起来没完没了地工作。

过了几个月，我又感到发冷，发高烧，我以为是感冒，还坚持工作，后来实在顶不住了，到医院一查是肺炎，医生要我住院打点滴。我说打点滴可

以，不能住院，使馆还需要开门工作。我知道，在热带患肺炎是很危险的。我决定每天开车到医院去打点滴。而发高烧开车，有时不能控制。有一次，我把车开到海滩里，幸亏岛民朋友们又推又拉，才把车开到路上。

在基里巴斯三年，使馆从无到有。从仅有草房一栋，到建成基里巴斯最标准的宅院之一，五星红旗在椰树林里飘扬，院内五十米长、一米宽的小路弯弯曲曲通向海边，小路两边栽有当地的一种花。小路是我利用废水泥块，以愚公移山的精神，每天下班后铺几块，花了三个月的时间铺成的。我把中国大使馆展现给基里巴斯人民，我也把中国和中国外交官的形象展现给他们。

作者小传

吴钟华，1939 年生，祖籍河北。1958 年考入天津南开大学外文系，1963 年毕业后进入外交部。1983 年至 1987 年在中国常驻联合国代表团任二秘、一秘。1989 年在驻斐济使馆工作，次年 2 月被派往基里巴斯建立大使馆任临时代办。1994 年至 1998 年在驻美国洛杉矶总领事馆工作，任副总领事。现为中国外交史学会会员，外交笔会会员。

铁娘子也有温情的一面

◎文并图/马振岗［前驻英大使］

2013年4月8日，英国前首相撒切尔夫人辞世，走完她87年颇不寻常的一生。一个离开政坛20多年的英国政界人物，逝世时却受到如此广泛关注，足见她当年影响之大。对她当政时期的言行作为，评论明显两端，褒贬不一。但无论如何不同，有一点是一致的，都承认撒切尔夫人是英国乃至世界一代“英雌”。

撒切尔夫人在中国也颇有名气，主要是在解决香港问题上。另外，她对苏联的强硬态度和观点，与我国当时对苏立场有所吻合，也赢得不少好感。但她在1989年以至此后的诸多恶评和对华行径，受到了我国严厉批评和谴责。后期她在对华关系上开始做出一些松动，例如表示绝对反对对中国进行经济制裁等，但不久她就被迫下野，难有更多作为了。

与离任的她初步交往

我长期从事对美工作，和撒切尔夫人并无接触。直到1997年到英国当大使，才开始同她有一些往来。那时她早已离开政坛，我忙于和当政的工党等打交道，与她交往并不密切。

我第一次见她是在 1997 年 4 月 17 日。按惯例，新任大使都要拜会一些英国知名前政要，我提出拜见她的要求，她很快答复同意。那天我和赵军参赞一同前往，她很客气地把我俩接进办公室。初次见面，自然多是谈些客套话。她询问了我国发展的一些情况，也希望两国克服分歧解决好香港回归的问题。她还简单提到同邓小平的会见，并称赞他是位伟人。这次会见都是泛泛而谈，具体话语已没有太多印象。但留给我印象最深的，则是她的口气和姿态，俨然如同一位在任的首相。赵参赞说她依然摆份儿，我感叹说："这才是撒切尔夫人哪！"

香港回归不久，董建华特首于 10 月下旬正式访英。我馆按要求为他举办了一次规模不大的酒会，客人名单是经过董特首同意的，当然包括了撒切尔夫人。她来得很准时，身着一领黑色外衣，庄严而大方。看来她仍有挺大吸引力，一到场就立即引起其他客人的注意，纷纷凑上同她交谈。我忙着照应客人，只和她寒暄了几句，不过留下一帧她同我夫妇的合影。

有关香港回归的会谈

提到香港回归中国，人们总会谈论到撒切尔夫人所起的作用。香港对英国利益重大，被视为"女王王冠上一颗璀璨明珠"，永久统治香港是英国的最根本图谋。

1982 年 4 月 6 日，邓小平会见英国前首相希思时，明确提出我国对解决香港问题的政策，这使英方感到问题的严重。1982 年 9 月撒切尔夫人作为英国首相应邀访华，主要议程就是讨论香港问题。那年 6 月，英国在与阿根廷围绕马尔维纳斯群岛主权争端发生的战争中获胜，撒切尔夫人声名大振。她带着马岛胜利者的余威来到北京，在会谈中态度强硬：一是坚持中英间《南京条约》等三个不平等条约有效；二是宣称香港的信心和持续繁荣取决于英国行政管理；三是提出主权换治权的主张。这些都遭到中国领导人的严厉驳斥。

特别是9月24日邓小平同她会见时，明确表示中国在主权问题上“没有回旋余地”，如果15年后还不收回香港，“任何一个中国领导人和政府都不能向中国人民交代，甚至也不能向世界人民交代”。他批驳了“香港继续保持繁荣必须在英国管辖下才能实现”的论调，并严肃强调，如在15年过渡时期香港发生严重波动，“中国政将被迫不得不对收回的时间和方式另作考虑”。这使撒切尔夫人深切感到，中国不是阿根廷，香港不是马岛，最终同意双方就香港问题开始外交磋商。

会见后她在人民大会堂外台阶上摔了一跤，媒体说是她被邓小平批昏了头脑。是否如此无从判断，但至少说明邓小平的警语仍在她脑子里缭绕，心情纠结，致使走路分神。

撒切尔夫人的积极贡献

大使夫妇与撒切尔夫人于1997年在欢迎董建华的招待会上

经过近两年22轮艰苦谈判，中英终于谈成了两国政府关于香港问题的《联合声明》。1984年12月19日，撒切尔夫人来北京与中国签署了《联合声明》，成为香港回归中国的政治保证和法理基础。她在签字仪式上的讲话说，《联合声明》“在中英关系的历程中以及国际外交史上都是一个里程碑”，并称赞“一国两制”构想“树立了一个榜样，说明看来无法解决的问题如何才能解决以及应该如何解决”。

她从僵硬立场逐步松动，固是中国立场坚定以及客观形势使然，也与她能够审时度势采取务实态度有关。这令人想起英国政治家帕麦斯顿的名言，“没有永久的盟友，也没用永久的敌人，只有利益是永久的和不变的”。

看来撒切尔夫人实践了这句话，通过接受中方的解决方案，英国确实在香港保留下尽可能多的利益。假设她作为英国政府首脑顽固坚持僵硬立场不作松动，毫无疑问香港也将回归中国，但进程和后果都将更加曲折复杂，英国在香港的利益也将丧失殆尽。从这一点讲，撒切尔夫人在顺利解决香港问题上还是有积极贡献的。事实上，香港问题的顺利解决，确为中英关系开辟了蓬勃发展的前景。

令人遗憾的是，在冷战结束前后，她在香港问题上立场出现波动和倒退，说了不少错话，也做了一些坏事，企图推动香港问题“国际化”，这是她根深蒂固西方政客心理的反映。在1997年香港回归的时候，她没有再讲什么话，也许是在现实面前的无奈，也许是再度反思的结果。

与朱镕基总理会见

1998年3月底，朱镕基总理就任后出访的第一个国家就是英国。这主要与他将参加在伦敦举行的第二届亚欧首脑会议和首次中国－欧盟领导人会晤相关，而香港顺利回归后中英关系的加速发展也为此创造了有利条件。

朱总理访英期间，4月1日下午会见了撒切尔夫人。她兴致勃勃地提前到达会见场所，说她对朱总理很钦佩，非常高兴有机会见到他。当时朱总理正在见印度尼西亚副总统哈比比，我陪着她在毗邻的房间等候。会见时间拖延了，她问我朱总理会见的是谁？我告诉她是哈比比。她听后长叹了口气说：“看来要等很长时间了，我知道哈比比这个人。此人一向讲话‘啰里啰嗦’，说起来就没完没了。”

幸好延时不到5分钟会见结束，她立即振作起来。她向朱出任总理表示热烈祝贺，朱总理幽默而谦虚地说：“我当总理才一个多星期，而你曾担任首相长达11年，我还要向你学习呢。”她听后立即认真起来，头头是道地讲起她任首相的经验。具体内容我记不太清楚了，但最后一条却记忆深刻。她很严肃地对朱总理说：“对那些新闻记者，你可千万不要太客气，否则他们会给你制造没完的麻烦！”

这次会见显然顺应了她的自尊心，告别时她对我说：“朱镕基确实了不起！”

邀请撒切尔夫妇做客

随着年岁增高，撒切尔夫人很少参加社交活动。我通过她当年的外交和安全顾问鲍维尔，邀请她夫妇到官邸品尝中餐。他们欣然接受了。

大使夫妇于1999年在官邸宴请撒切尔夫妇

那是1999年1月11日傍晚，撒切尔夫妇相携来到我们在汉普斯特德的官邸。那座房舍并不很好，却位于这一名人积聚的居住地区，安全上比较可靠。那时撒切尔夫人74岁，夫婿丹尼斯已84岁，不过看起来身体不错。他们精神挺好，交谈也很轻松。

我谈到中国改革开放以来的成就，中英关系的良好发展前景，当然也介绍了中国的菜肴等有趣的典故。他们听得很有兴趣。谈到香港回归后的情况，她颇有些洋洋得意，因为她觉得那是她执政的成就之一。自然她也不忘自己的一贯说教，希望香港能对中国大陆进步发挥影响。那晚他们过得很愉快，临别时和我夫妇留影纪念。

戏剧性的晚餐会

这次宴请可能增加了她对我的好感。后来，香港金管局主席任志刚访英，英国在港企业举办演讲晚餐会，我应邀参加。在会前的酒会上，撒切尔夫人看到我，主动和我攀谈起来。晚餐会开始时，贵宾列队率先入场。她热情地挎着我的胳膊并肩进入主会场落座。

怡和公司老板凯瑟克主持，任志刚主讲，原先没有安排其他讲话。任志刚讲完后，台下有人高声提议：撒切尔夫人对解决香港问题贡献甚大，应该请她讲几句话。这立即得到不少响应。凯瑟克只好临时请撒切尔夫人上台。她昂首走上去，豪壮地说："我有个习惯，要不不讲话，要讲就不是几句。"引起台下一片笑声和掌声。不过讲得并不长，对香港回归后保持繁荣稳定表示了赞扬，然后又是那套对中国大陆发挥着积极政治影响的话。

会后，凯瑟克担心我不满，特地找到我解释说：你看到，那不是我有意安排的，那些话大家也不全赞成。我回答说：她就是那么个女人，那些话我都听厌了，再听一遍也没什么了不起。他这才放下心。

给撒切尔夫人脸色看

此后很长时间，我除偶尔在一些场合同她相遇外，没有更多来往。后来李登辉到伦敦活动，英国政府官员和政界要人均不会见，唯独撒切尔夫人见了他，据说因为李登辉为撒切尔夫人基金会捐过不少钱。这令我很气愤。有一次我和夫人应邀参观一个画展，见她在展厅另一端。她发现了我，表现出想和我接触的样子。我自然也有我的"脾气"，装作没看见，拉着夫人转身去了另一展厅。

最后一次见到她，是我离任前的一次活动。我前去同她打了招呼，告诉她我要走了。她说了几句夸奖我的话，祝我前程美好，并希望我常回英国看看。她一生都是一个很强势的女人，但也有人情味的一面。

不能说她对中国很友好，但也不能说她对中国太坏。在对华关系上，她说过错话，做过错事，但总体看，她在推动中英关系发展上发挥过重要作用，是功不可没的。无论从哪个角度分析，她不愧是英国历史上一个伟人。

作者小传

马振岗，1940 年生于山东，全国政协外事委员会副主任。1965 年北京外国语学院英语系毕业，1965 年至 1967 年赴英国伦敦伊林学院、伦敦大学进修。曾任外交部美大司司长、国务院外事办公室副主任。1997 年至 2002 年任驻英国特命全权大使。

追忆毛主席接见留苏学生

◎文并图 / 朱祥忠［前驻秘鲁、智利大使］

1957年11月17日，是我一生中最难忘的一天。这一天，我和其他留苏同学一起，在莫斯科大学礼堂见到了心中崇拜的伟人——毛泽东主席，并聆听了他的著名讲话："希望寄托在你们身上。"这一讲话距今已55年之多了，回忆起当时的情景，仍历历在目。值此具有伟大历史意义的"五四运动"94周年之际，重温一下那次讲话，我想还是很有意义的，因为它具有巨大的生命力，在继续鼓舞和指引着我们青年一代前进的方向。

作者（左）和杨永瑞同学在红场合影

大家不断递纸条，都是一个内容：要求见毛主席

那年11月2日，毛主席率中国党政代表团抵达莫斯科参加十月革命四十周年庆典活动并出席世界各国共产党和工人党首脑会议的消息发布后，我

们就一直关注着代表团的活动，希望能见到毛主席。果然，中国驻苏联大使馆通知我们，在 17 日上午到位于列宁山的莫斯科大学听报告。估计一定是毛主席要见我们了。

莫斯科已进入冬季，寒意已浓。大地覆盖着白雪，在灿烂的太阳照耀下，发出闪亮的金光。我们激动的心情却温暖如春。

我当时就在不久前国家主席习近平访问俄罗斯时发表重要讲话的莫斯科国际关系学院学习。我们住的宿舍就在离列宁山不远的第四契廖穆斯卡亚大街，去莫斯科大学不需乘车，步行即可。

17 日是星期天，不上学。我和几个同学为了占领好的座位，很早就起床简单吃了点东西，急忙赶到莫斯科大学。只见不少中国同学正从四面八方赶来。幸好，我们来得不算晚，占了靠近主席台第五排的好位置。不一会儿，礼堂就挤得水泄不通，连走廊、过道都站满了人。还有一部分人不得不到楼上俱乐部大厅分会场等候。但他们提出了条件，即除在分会场安装扩音器外，还要请毛主席到俱乐部见大家一下。当时我国驻苏联大使刘晓答应了大家的要求。据估计，到会的有 3000 多人，其中有在莫斯科学习的本科生、进修生、实习生，还有部分军事学员。后来有一些外国同学听到消息后，也挤到礼堂，希望目睹一下世界伟人毛泽东的风采。

上午 10 点左右，驻苏使馆留学生管理处负责人李滔宣布，请中宣部部长陆定一做国内形势报告。陆定一的无锡口音很重，许多人听不懂，讲了好几个小时，同学们有点坐不住了。但主要还是大家最想见毛主席，他能否来、何时来，还没有确切的消息，所以听报告思想不集中。大家不断向主席台递纸条，主持报告会的刘晓大使则不断地翻着看，微笑着对陆定一说："都是一个内容：要求见毛主席。"

毛主席在接见驻苏留学生之前，通宵工作未眠

后来听使馆的同志讲，其实毛主席对留苏学生很关心。他一到莫斯科就向刘晓大使询问我们的学习和生活情况。刘晓大使汇报说，我国有 4000 多名学生在苏联学习，绝大多数学习很刻苦、很优秀，同苏联人相处很好，并说，他们非常想见到毛主席。毛主席听后高兴地说："我也非常希望见到他们。我今年 5 月在北京就与到访的伏老（伏罗希洛夫）说过，我不想当国家主席，想到大学当一名教授。我非常愿意同青年们在一起，他们年轻，思想活跃，很开朗，常听听他们的意见，很有好处。我想麻烦你这位大使，去安排一下和学生们见面。"

陆定一的报告直到下午 3 点才结束。大家利用这一休息时间，吃了点随身带来的食品。这时刘晓大使向大家通报说，由于各国共产党、工人党代表会议进入关键阶段，工作十分紧张，昨天毛主席忙了一天，夜里又通宵工作未眠，今天早晨才睡下，等毛主席醒后才能来会场见大家。这个消息使我们深受感动和鼓舞。毛主席太辛苦了，应当让他老人家好好睡一觉，只要他能来，我们等多长时间都行。

李滔同志向我们提出了三点要求：一是为了毛主席的安全，不准往前挤，不准争着同毛主席握手；二是不准照相；三是前两排让位给军事学院的同学（主要是为了安全考虑）。前两排的同学来得最早，反而坐到最后面去了。我们则庆幸不必后撤。

大家在继续耐心地等待着，谁也不愿离开座位。礼堂内不时响起《东方红》、《歌唱祖国》、《莫斯科－北京》等著名歌曲的嘹亮歌声。

“世界是你们的，也是我们的，但归根结底是你们的”

下午 6 点，水银灯突然都亮了起来，把会场照得如同白昼。歌声停了下来，每人都使劲地睁大眼睛向主席台望去。幸福的时刻终于来了，毛主席、邓小平、彭德怀、杨尚昆、陈伯达、胡乔木、乌兰夫等党和国家领导人，在刘晓大使陪同下，依次走上主席台就座。顿时全场的人都站了起来，“毛主席万岁”的欢呼声和暴风雨般的掌声响彻大厅。沸腾的情绪久久平静不下来。毛主席走到讲台的前沿，从左边走到右边，含笑着向大家频频招手问好，并示意大家坐下来，开始讲话。

毛主席的讲话完全不同于一般的政治报告，而是同大家聊家常一样，有问有答，台上台下，欢声笑语，连成一片。

毛主席的第一句话就是：“世界是你们的，也是我们的，但归根结底是

1957 年 11 月 17 日在莫斯科大学礼堂，毛泽东主席向中国留学生讲述当时国内、国际大事，表达对青年的希望

你们的。”毛主席发现有些同学听不懂湖南话“世界”两个字，便用英语说：“世界就是 world。”那时同学们会英语的不多，多数人还是听不懂。

毛主席又问刘晓大使：“世界”俄文怎么说？刘答：“米尔。”于是毛主席就解释说：“米尔是你们的，当然我们还工作，在管理国家，米尔也是我们的。但是，你们看，我们都老了，好像下午三四点钟的太阳，就要落山了。”（台下高呼“毛主席万岁”）毛主席接着说：“你们年轻人朝气蓬勃，正在兴旺时期，好像早晨八九点钟的太阳，希望寄托在你们身上，未来是属于你们的。”

这时又响起暴风雨般的热烈掌声。

毛主席说，有些外国人说我们思想改造是洗脑筋。我看也说得对，就是洗脑筋嘛！我这个脑子也是洗出来的。参加革命后，慢慢洗，洗了几十年。我从前受的都是资产阶级教育，还有一些封建教育。孔夫子的书读了不少。我们那时根本不知道马克思、恩格斯，只知道华盛顿、拿破仑。你们就好了，你们很幸福，像你们这么大的娃娃就知道了马克思、恩格斯、列宁、赫鲁晓夫、多列士、杜克洛、陶里亚蒂等。我们那时对中国革命如何搞法，有谁知道？

毛主席说，我们大家都要割尾巴。中国有句古话：“夹起尾巴做人。”这句话很有道理。现在人都进化了，摸起来都没有尾巴了，但无形的还有。青年人应具备两点：一是朝气蓬勃，二是谦虚谨慎。

毛主席对我们还提出三点希望：第一，要身体好，这是革命的本钱。他说，爬山和游泳是锻炼身体的好方法。他问大家：“你们会游泳吗？”许多人回答：“会！”毛主席说，在你们这个年纪，我已游过不少江湖河海，爬过不少山岳了。他列举自己游历过的江湖山岳的名字，并询问在场的是否有来自那些省份的人。他每提到一个地方，台下就有人站起来，大声地回答：“有！”台上台下笑语交流，气氛十分活跃。毛主席说，这样做不仅能锻炼身体，也有利于见世面，接触老百姓和了解社会情况。要在全国推广，把国内的江河湖海中一切能游泳的地方，都开辟成游泳场，让广大人民群众去游泳。他还建议大家，利用留学机会到苏联各地去走走，看看，可以了解苏联人民的生活，建立友谊，增长知识。

第二，要学习好，学好建设国家的本领。毛主席说，苏联有许多先进的科学技术值得我们学习，要虚心向他们学习。他说，学习不一定每门课都考5分（当时苏联学校考试实行5分制），重点课考5分、4分，非重点课考3分也可以。一个人的时间精力有限，与其门门功课平均用力，不如把力气花在重点课程上，不学则已，学就要把问题解决得透彻些。对次要课程了解个大概，及格就可以了。

第三，祝你们将来工作好，为国家做出有益的贡献。做好工作是不容易的，将来你们去当当厂长、党委书记、校长、教授、工程师……试试看。一做工作，就会有错误，有错误就要认真地改。世界上就怕“认真”二字，共产党最讲“认真”。这是毛主席第一次提出这一著名论点。

再过三个五年计划或多一些时间，就能超过英国

毛主席说，真正的社会主义革命不是一朝一夕可以成功的。也许你们认为我国地大物博，人口众多，很了不起。可是要知道，我们中国是个大国，又是个小国。在政治上和人口上是大国，但在经济上是小国。我们现在生产力还很低，钢产量还比不上一个小国比利时呢！你们大概不高兴吧？（台下答：“不高兴！”）但又有什么可以不高兴的呢？比不上就是比不上。苏联提出15年内要赶上美国。英共总书记波立特同志告诉我，15年后英国钢产能力为3000万吨。我国现在钢产量只有520万吨。那么，再过三个五年计划或多一些时间，就能超过英国。不过，按人均水平就不行了，因为我国人口比英国多二十倍。这个责任就落在你们身上了，你们重任在肩啊！

毛主席说，我也有个五年计划，再活五年，如能活十五年就心满意足了（台下高呼“毛主席万岁！”），能超额完成计划当然更好。可是天有不测风

云，人有旦夕祸福，这也是自然辩证法。要是孔夫子现在还不死，两千多年前的人还活着，那还成什么世界？所以，开始我就和你们说了，世界是你们的，我再说一遍，祝贺你们，世界是属于你们的，希望寄托在你们身上。

毛主席在讲话中还介绍了国际形势和国际共产主义运动等问题，阐述了“东风压倒西风”和“中间地带”的思想。

毛主席在主会场讲了一个半小时。随后他又到分会场，见了在那里等候的几百名同学。在那里他讲了三句话：第一，青年人既要勇敢，又要谦虚；第二，祝你们身体好、学习好、工作好；第三，要和苏联朋友亲密团结。

“这些年轻娃娃学成之后，会成为对国家有用的人才”

毛主席讲完话后，还视察了莫斯科大学经济系女留学生的宿舍，和住在这里的同学们进行了亲切的交谈。交谈涉及她们的籍贯、父辈等有关情况。毛主席得知坐在身旁的沈宁同学的父亲叫沈端先（夏衍的原名）时，高兴地笑起来：“是沈端先啊，他还有这么一个漂亮的女儿呐！”惹得大家都笑了起来。毛主席还询问了同学们的学习和生活情况，并鼓励道：“要努力学习，建设祖国，加强和苏联师生的友谊。”

毛主席指着站在旁边的邓小平说：“他还是你们的老学长哩！”这时坐在毛主席身边的苏红同学才发现，人后面还站着小平同志，不好意思地站起来请他坐下。毛主席却一把拉住她，打趣地说：“邓小平是党的总书记，让他为人民服务，站一会儿没关系。”小平同志操着浓重的四川口音说：“我是于1926年初由党组织决定从法国到莫斯学习的。”同学们惊叹道：“这么早啊，那时我们都还没有出生呢！”

毛主席见到房间桌子上有几份《人民日报》，拿起来翻了翻，询问大家平时能看到国内哪些报纸，国内报刊到莫斯科需要几天……同学们一一作了回答。毛主席对远离祖国的同学们能经常关心国家大事，感到十分高兴。

晚上 8 点多钟，毛主席离开学生宿舍，乘电梯下到一层。电梯门一打开就见到许多外国同学等候在那里，热烈的掌声响起来。毛主席热情地同他们握手致意。正要往前走时，毛主席看见有两个外国青年手里举着什么东西，从走廊那一头跑来，便停下脚步，想看个究竟。原来是两个外国留学生，一个是捷克人，另一个是保加利亚人，他们每人拿着一本俄文版的《毛泽东选集》，赶来请作者签名留念。毛主席欣然满足了他们的愿望。他们高兴极了，回去后还得意洋洋地向其他人展示扉页上有毛泽东签名的书，说要把它留作纪念，终身珍藏。

毛主席在众多莫斯科大学师生的欢呼声中，恋恋不舍地离开了列宁山。据毛主席的俄文翻译李越然事后回忆，在接见完留学生回克里姆林宫的途中，他问毛主席："您讲了很长时间的话，累不累？"主席挺起胸脯很愉快地说："你看我一点不累，跟这样生动活泼的年轻人在一起，我自己也显得年轻了。这些年轻娃娃在这里学成之后回国，都会成为国家有用的人才。"

有计划地向苏联及东欧各社会主义国家先后派遣上万留学生

毛主席的讲话代表了党和先辈们对留学生的共同期望。新中国成立后，百废待兴，百业待举，急需大批建设人才，在西方国家对我国实行封锁的情况下，毛主席和党中央决定有计划地向苏联及东欧各社会主义国家派遣留学生，并很快同上述国家政府签订了有关协议。据此，周总理主持制定了派遣计划，并成立了由聂荣臻、李富春和陆定一等人组成留学生派遣领导小组，负责具体工作。每年的派遣人数、专业比例等都要报周总理审批。在北京还成立了留苏预备部，负责对出国留学生的培训工作，为期一年。

据统计，从 20 世纪 50 年代至 60 年代，我国共向苏联派遣了 9000 名留学生，向东欧国家派遣了 1000 人，共 1 万多人。1952 年夏天，刘少奇同志对留苏预备部学员作了长篇讲话。他说，派你们留学是社会主义革命和建设的需要，你们去留学就是参加了革命。为派你们留学，国家在经济困难的情况下要支出很大一笔钱，派一名留学生的费用相当于25户到30户农民的全年劳动收入。

毛主席的这次讲话，和上述几位领导人的讲话一脉相承，都表明了党和人民对留学生的共同期望。毛主席的讲话，生动活泼，寓意深刻，富有哲理，亲切感人，对青年人充满了无限的信任和殷切的希望，激励着一代又一代青年为建设祖国奉献出自己的知识、青春和热血！

这些留苏学生中有200多人后来入选两院院士和学部委员

正是由于毛主席等老一辈领导人的谆谆教诲，使我们深刻地感受到留学机会难得，责任重大，并下定决心，学好本领，报效国家。我们以顽强的毅力和拼搏的精神，克服语言和其他方面的困难，废寝忘食地刻苦学习。平时没有休息日，活动地点就是教室、阅览室和宿舍，我们称之为“三点一线”。每天睡觉仅为5小时左右，平时考试成绩都为优秀。外国同学好奇地发问：你们中国人为什么这样拼命学习？他们不知道，我们每个人都怀有一颗火热的发奋图强的爱国心！

在生活方面，我们也保持了简朴的优良作风。按国家规定，我们每月的生活费本科生为500卢布，研究生为700卢布，和其他国家同学比算是低的，但到月底外国同学却向我们借钱。我们把节省下来的钱，一般都用在购买图书资料。按规定，研究生每年可公费回国探亲一次。但不少人为了节省国家经费，宁愿个人掏腰包购买火车票。

在异国他乡，大家团结友爱，互相帮助，遵守纪律，尊敬老师，虚心学习，保持了良好的作风，得到老师和外国同学的一致好评。在国外，我们认为自己都是祖国形象的代表，对她不能有丝毫的玷污！我们以自己对祖国的忠诚，高尚的道德风范，刻苦学习的精神，在苏联、东欧人民心中留下了深刻美好的印象，播下了友谊的种子。

我们学成回国均无条件地服从国家的分配，不计个人名利，高兴地奔赴祖国最需要的地方和岗位，无私地奉献自己的才智和青春。在几十年的岁月里，经过探索、磨炼，成为社会主义建设的骨干和中坚力量，不乏科学带头人、著名学者、艺术家；不少人成为担负国家、部门、行业的领导人和决策者。

截至2009年，在留苏学长中有96位入选中国科学院院士，103位入选中国工程院院士，5位入选中国社会科学院学部委员，12位为荣誉学部委员。其中有6位是双院士。特别是有4位留苏学长荣获国家最高科学技术奖，他们是：金怡濂，我国巨型计算机事业开拓者之一；王永志，我国载人航天功勋科学家；谷超豪，我国著名数学家；孙家栋，我国著名航天技术专家。我们为他们感到无上光荣和自豪。留苏学生没有辜负毛主席等老一辈革命家的信任与重托，没有辜负祖国人民的培养和期望。

作者小传

朱祥忠，1932年10月生于江苏涟水，1945年12月加入中国共产党并参加革命工作。1955至1960年在莫斯科国际关系学院学习，回国后一直在外交部工作，曾任美大司主管拉美事务的副司长。1969年起，两次到我国驻古巴使馆工作，先后任秘书和政务参赞。1988至1995年，先后任我国驻秘鲁和智利大使。现为中华人民共和国外交史学会理事、外交笔会理事。著有《拉美亲历记》、《我的拉美外交生涯》等。

胡志明，那些朴素 那些情谊

◎文并图 / 李家忠［前驻越南大使］

胡志明的名字广为中国人民所熟悉。他于1890年5月19日生于越南中部义安省，1969年9月2日在河内逝世，享年79岁。胡志明没有妻室子女，在长达60年的革命生涯中，他把自己的全部精力和心血都献给了国家和人民，是越南人民衷心爱戴的领袖，也是中国人民的亲密朋友。下面讲述我亲

胡志明会见中国检察院代表团。着白衣白裤者为胡志明，前排左三为张鼎丞，后排右一为作者

历的故事，从几个侧面反映了胡志明作为无产阶级革命家艰苦朴素的作风和他对中国以及他和中国领导人之间的深厚情谊。

首见胡志明

记得上个世纪 50 年代上小学时，地理课老师说，越南是社会主义阵营东南前哨，还说越南的领袖叫胡志明。后来在大学学了越南语，又被分配到外交部工作，参与主管中越关系事务，心想总有一天能见到胡志明。

1964 年 11 月，最高人民检察院检察长张鼎丞率中国检察院代表团访问越南，我被临时“借”去为代表团当翻译，第一次见到了越南劳动党主席和国家主席胡志明。

一天上午，胡志明主席在主席府会见张鼎丞一行。代表团到达时，胡主席已在主席府大厅门外迎候，只见他身穿浅黄色咔叽布中山装，外面再披上一件中山装上衣，脚下穿着用汽车轮胎制作的凉鞋——抗战鞋，看上去十分简朴。走进大厅就座后，胡主席拿起桌子上的盘子，逐一请大家品尝饼干，还一边介绍说，这种饼干是主席府的厨师用木薯粉制作的。当时我心情颇为紧张，担心不能很好地完成翻译任务。但胡主席的中文水平很高，他同张鼎丞交谈时几乎全是讲的中文，只是略带广东语调。在整个谈话过程中，胡主席并没有事先准备好提纲或谈话参考要点，而是随便地交谈，就像朋友聊天一样，十分轻松愉快。

当张鼎丞谈到中国检察部门存在的问题时，胡主席说，中国存在的问题，越南都有，甚至中国没有的问题，越南也有。他还回忆起 20 世纪 30 年代在中国上海从事革命活动时的一些往事。他说，当时有些中国人受英、法殖民主义思想影响，崇洋媚外，甚至把自己的姓名都改成外国的。有一个人本来姓白，却要改名为“怀特”（White），说得大家都笑了起来。当时胡主席与代表团在主席府大楼门外的合影照片，我一直珍藏至今，成为永久的纪念。

视使馆如家

胡志明身为越南党的主席和国家主席，却十分平易近人，没有任何大官的架子，同中国大使馆的关系也非常密切。听老同志说，在越北战区，中国大使馆和越南领导人都住在简陋的茅草房里，而且相距很近，彼此交往十分随意，不讲究那么多外交礼节。进城后一切都要逐步走向正轨。一天，我国首任驻越大使罗贵波在大使馆宴请越南领导人，胡志明、长征、范文同等徒步来到大使馆门前，由于不熟悉礼宾规定，便彼此你让我，我让你，谁都不肯走在最前面，最后几位领导人只好并排走进了大使馆。

1955 年的一个黄昏，大使馆的同志正在使馆的院子里散步，突然看见胡主席的秘书武期从旁门走了进来。他告诉大家，胡主席来了。罗贵波大使闻讯立即出来迎接。胡主席则说："没什么事，顺便看看同志们。"罗大使说，河内刚刚接管，情况还比较复杂，建议胡主席多加注意，有事罗大使可随时前往主席府。胡主席说："没关系。"胡主席坚持不让大使馆派车送他，便徒步走出了大使馆。

大约在 1962 年的一天，中国第二任驻越大使何伟在大使馆宴请胡志明主席。胡主席来到大使馆时，并没有特别的着装，仍像平常一样赤脚穿着拖鞋。宴会桌上，胡主席吃饭较快，不一会儿就放下了筷子。这时，胡主席表示想到大使馆院子里随便走走。何伟大使马上起立，要陪同胡主席一起到院子里去。胡主席执意不肯，坚持让大家照常用餐。何大使只好尊重胡主席的意见，但胡主席走到院子里，发现他脚上的拖鞋还剩下一只，于是又回到了宴会厅。大家正不明白是怎么回事，只见胡主席走到餐桌前，弯下腰去，伸手从餐桌下面取出另一只拖鞋。这样的小事，让任何人帮助去做，都是完全应该的。但胡主席不愿麻烦别人，坚持自己去做，这种无产阶级革命领袖的作风，让在场的人无不深受感动。

朴实且亲和

1965年春，我到大使馆工作不久，中国铁路杂技团到越南访问演出。一天，我国第三任驻越大使朱其文在大使馆为胡主席举行了一次专场演出。那时河内的天气已经很热，我看见胡主席身着越南农民常穿的褐色无领布衫，脚上穿着“抗战鞋”，由朱大使陪同步入会场。在场的大使馆工作人员、中国援越专家和留学生近200人起立鼓掌，欢迎胡主席。朱大使请胡主席在前排沙发上就座，但胡主席没有马上就座，而是挥手示意让大家先坐下。谁知大家非但没坐下，反而鼓掌更热烈了。胡主席面对大家，索性一下子坐在了地上。这时，大家才不再鼓掌，坐了下来。朱大使也才请胡主席在沙发上就座。

大使馆的同志对胡主席非常敬重。使馆院内有几棵荔枝树，其中有两棵的果实分外香甜。每年摘取荔枝时，朱大使都叮嘱有关同志务必挑选一些最好的荔枝，首先送给胡主席。平时，使馆还负责向胡主席提供熊猫牌香烟、崂山牌矿泉水和北京特制的燕麦片。胡主席用时十分节约，一支香烟要分两次吸，吸到一半时，便将其放进一个盛青霉素注射粉剂的小玻璃瓶里，让其自行熄灭，过一会儿再吸另一半。对矿泉水，胡主席也要求改成小瓶装的，因为崂山矿泉水内含有气泡，一次喝不完，剩下的时间一长，气泡就跑光了，造成浪费。

越战期间，美国飞机对河内和越南北方其他城市进行了狂轰滥炸。1966年12月14日下午，美国出动多批飞机轰炸河内时，发射一枚“百舌鸟”导弹，炸毁了大使馆电影厅半个顶层，门窗全部破碎。与大使馆一街之隔的新华社河内分社的门窗也大部被炸毁。幸亏我们早已钻进防空洞，没有造成人员伤亡。晚6时15分，胡主席徒步来到大使馆，向朱其文大使表示慰问。朱大使、陈亮政务参赞和陈皓武官陪同胡主席查看了被炸现场。当听说大使馆和新华分社的同志都没有受伤时，胡主席说：“那就好，那就好。”胡主席又询问大使馆有多少人，防空洞能否确保大家的安全，大使馆有没有疏散计划。朱大使逐一作了报告。胡主席对在场的大使馆官员说:“房子被炸了，算不了什么，今后还可以建更好的，只要人在，我们将继续战斗。”

厚交周恩来

胡志明同中国领导人的关系十分密切，特别是同周恩来的友谊更为人们所称道。早在1921年，21岁的胡志明便前往法国寻求救国救民的道路，并加入了法国共产党。1922年，胡志明在巴黎结识了正在法国勤工俭学的周恩来。1924年至1927年胡志明在广州从事革命活动，当时周恩来任黄埔军校政治部主任，两位年轻的革命家来往密切。周恩来曾多次到胡志明在广州创办的越南青年“特别政治训练班”讲课。胡志明也通过周恩来把一批越南青年送到黄埔军校学习。胡志明还参加了周恩来和邓颖超的婚礼。邓颖超也亲手给胡志明织过毛衣。

两国革命胜利后，胡志明和周恩来的来往就更加密切。有一件小事可以说明胡志明同周恩来夫妇的友情。胡志明到中国访问时，曾自豪地对中方工作人员说，周恩来总理管邓颖超同志叫“小超”，其他人谁都不敢这样称呼邓颖超同志，只有他可以称邓颖超同志为“小超”。而邓颖超同志对胡志明也十分尊重，总是称为“胡伯伯”。

大约1968年秋的一天，胡志明主席的秘书瞿文烁到中国大使馆找我，转达胡主席的一个想法。瞿秘书说，胡主席看到外电报道说，邓颖超同志已经去世，但未看到中方的相关报道。胡主席想，如邓颖超同志确已去世，他一定要发唁电，但如没有去世，发唁电会造成很大误会。因此胡主席请大使馆帮助了解一下具体情况究竟如何。我向大使馆领导汇报后，领导人感到很为难，邓颖超同志在国内享有很高的威望，向国内询问这样的问题，很难启齿。但这是胡主席的意见，而且还在等待答复，只好如实报告。

几天后，大使馆接到了邓颖超同志的回电，我清楚地记得第一句话是“敬爱的胡伯伯，我还活着”。接下来的大意是，她的身体比前一段时间还要好些，能做些力所能及的工作。祝胡伯伯健康长寿，希望有机会在北京与胡伯伯见面。

1969 年春，胡志明的健康状况欠佳。周总理对胡主席的病情十分关心，亲自挑选最高水平的医生到河内为胡主席治病，并亲自听取汇报。

1969 年 5 月，胡主席的病情相对稳定，便让中国医疗组的专家回国休整一下，一个月后返回河内。医疗组的专家感谢胡主席对他们的关心，并问胡主席需要他们从北京带回些什么。胡主席顺口说什么都不需要，只要带一只北京烤鸭就行了。周总理在听取医疗组汇报时得知胡主席想吃烤鸭，当即表示，一只不行，要带两只，而且要把薄饼、大葱和甜面酱都配齐。

这件事如在北京解决，十分容易，困难的是要在炎热的夏天把烤鸭带到河内，送给身体虚弱的胡主席，如何保鲜便成了一个大问题。为此，周总理把外贸部长李强找来商量，但李强部长也缺乏这方面的经验。最后通过中联部找到中国粮油食品进出口公司，得知北京酿酒厂生产一种干冰。把烤鸭和配料严密包装后，四周撒上这种干冰，可将温度保持在摄氏零下 40 度。就这样，医疗组于 6 月 30 回到河内。

乐观且幽默

就在这一天，大使馆接到越南主席府的电话说，明天 7 月 1 日是中国共产党成立 48 周年，胡主席定于中午 12 点在主席府宴请王幼平大使。第二天，我作为翻译跟随王大使准时到达主席府。胡主席的秘书武期已在主席府院内迎候。武秘书说，今天胡主席要请王大使品尝北京烤鸭。我虽然把这句话翻译了过去，但心里有些嘀咕，认为这是不可能的事，甚至怀疑自己是否听错了。王大使自然也不清楚究竟是怎么回事。走进餐厅后，趁胡主席尚未到来，武秘书便向我们讲述了从医疗组听到的烤鸭的来历。

不一会儿，胡主席由工作人员搀扶走进餐厅。他身穿浅黄色布料长裤和无领短衫，脚下穿着白色布袜，没有穿鞋，看上去身体相当虚弱，但精神矍铄，谈话兴致很高。胡主席知道王大使是中国的老红军，彼此便无拘无束，不拘泥于外交礼节，就像一家人一样。胡主席还不时说些笑话，询问中国大使馆的蚊子多不多，说如果需要，主席府可以支援一部分，说得大家都笑了起来。胡主席慢慢站起，举杯祝中国共产党生日。王大使也祝胡主席万寿无疆。胡主席则说，人是不可能万寿无疆的，并作出手势说，总有一天要倒下去。

我看到整个宴会期间，胡主席并没有吃多少烤鸭。我认为胡主席让医疗组带烤鸭也不过是顺口一说，并不一定是多么想吃烤鸭。但周总理却对此极为重视，充分体现了两位老革命家之间的深厚友情。

8月下旬，胡主席病情恶化，周总理在一周时间里连续又增派了两个医疗组赶往河内，还派著名专家吴阶平前去了解情况，并用5个小时亲自听取汇报，研究进一步抢救方案。

9月2日，胡主席逝世。第二天，大使馆接到国内通报说，周总理定于9月4日乘专机抵达河内吊唁胡主席逝世，当天返回。还说为了不给越方增添麻烦，周总理一行将不在越方宾馆下榻，而在大使馆休息。为此王幼平大使指挥我们连夜进行大扫除，准备接待周总理一行。后来由于越方一再坚持，总理才同意住进越方的国防部宾馆。

越南总理范文同和国防部长武元甲见到周总理时，都失声痛哭。周总理则含泪说："我来晚了，我来晚了。"在同越南领导人会谈时，周总理高度评价了胡主席一生。周总理说：胡主席不幸逝世，中国共产党、政府、军队和全体中国人民感到十分悲痛。胡主席一生奋斗，不仅为越南人建立了不朽功勋，而且对国际无产阶级也做出了很大贡献。胡主席同中国革命、中国共产党的关系尤为密切。他几次到中国，参加中国革命，同中国人民共患难，并肩战斗，同中国人民、中国共产党建立了深厚感情。

周总理说，胡主席的共产主义品质、对劳动人民的关心、他的革命意志、同敌人斗争到底的精神、艰苦朴素的工作作风，几十年如一日，值得每一个共产党员学习。周总理语重心长的话语，道出了所有中国人民此时此刻的内心感受。

参观其故居

几乎所有到越南访问的中国领导人和代表团，在河内期间都会有一项活动安排，就是参观胡志明故居。1995年12月，我出任驻越南大使，在四年半的任期内，我曾陪同到访的胡锦涛、朱镕基、乔石、李瑞环、尉健行、李铁映、曾庆红等中国领导人和重要代表团多次参观胡志明故居。每次都是由故居管理局陈曰环局长亲自出面迎接和担任解说。

高脚屋内简朴的办公室

陈局长说，现在的越南主席府，在法国对越南进行殖民统治时是印度支那总督府。1954年抗法战争胜利后，越南领导人从越北战区回到了首都河内。胡志明作为国家主席，于同年12月进驻了主席府。但为了保持与人民群众同甘共苦的作风，他并没有住进主席府的主楼，而是把当年印度支那总督府内法国电工居住的三间平房打扫干净，分别作为自己的办公室、卧室和用餐间。由于这件事发生在1954年，后来人们便习惯地把这三间平房统称为54号平房。

1958年4月，越南党中央政治局决定在主席府院内为胡志明主席建造一栋新的住房。

经过3个多月的施工，胡志明于5月17日，即他生日的前两天搬了进去。这就是著名的胡志明高脚屋。

我们看到，这是一座木质结构的两层小楼，外形与抗法战争期间胡志明在越北根据地住过的高脚屋十分相像。陈局长说这是遵照胡主席的意见设计的。一层没有墙壁，只有几根木柱支撑，中间放有一张长桌和12把椅子，是党中央政治局开会的地方。四周砌有约50厘米高的水泥矮墙，上面铺有木板。胡志明说，这是为了少年儿童来看望他的时候，有较多的座位。

高脚屋二层有两间小屋，分别作为胡志明的办公室和卧室，每间的面积只有11平米。办公室内有一张小桌和一把藤椅，没有沙发。任何国内官员和国外贵宾，只要走进了胡志明的办公室，都毫不例外地一起席地而坐。屋内有一个书架，上面摆有各种报刊、杂志和一台旧打字机。卧室内有一张宽1.2米的木床，四周装有四根固定的木棍，用来挂蚊帐。床面铺有凉席，放有白布枕头和被单。右边床沿装有三个电开关，晚上胡志明入睡前躺在床上看报，困了可随手关掉电灯、电扇和收音机。床边放有一个小闹钟和一个小暖水瓶，都是中国产品。床头小凳上放有一个芭蕉扇，是中国首任驻越大使罗贵波送给胡志明的。中国领导人周恩来、刘少奇、陈毅、邓颖超、郭沫若和著名诗人肖三都曾走进过胡志明的高脚屋。

单独的参观

高脚屋没有卫生间和餐厅，连自来水也没有。胡志明每天要三次回到54号平房就餐。从高脚屋到54号平房的距离约200米。胡志明说，步行去用餐也是一种锻炼。遇有雨天，工作人员提出要把饭菜送到高脚屋来，胡志明不同意，他说这样虽自己不会淋雨，但工作人员会淋雨。你们是愿意让一个人辛苦，还是愿意让更多人辛苦？

通过多次这样的参观，我和陈曰环局长也逐渐熟悉起来。一次，我对陈局长说，每次参观大约只有40分钟，不可能做更多的介绍，不知能否为我个人单独安排一次参观，请他为我做更详尽的介绍，陈局长欣然答应。但由于工作太忙，直到我2000年7月离任回国，也未能实现这一愿望。2005年1月，我和夫人应邀去河内参加庆祝中越建交55周年研讨会。在河内期间，我再次表达了上述愿望，越方立即表示欢迎，为我和夫人单独安排了整个一个下午的时间。故居管理局新任局长裴金鸿出面接待，已退休的老局长陈曰环亲自担任解说。为了保护高脚屋这栋历史文物，按规定只有外国领导人和重要代表团成员才能获准穿上布鞋套进入室内，这次也准许我和夫人穿上鞋套走进胡主席的办公室和卧室，并破例准许我们在现场拍照。由于时间比较充裕，陈曰环又当过胡主席的警卫员，这次他向我们讲述了不少主席生前的故事。裴局长还赠送给我们一件珍贵的礼物——胡主席的彩色瓷像，并欢迎我们再次前来参观。

作者小传

李家忠，1936年12月生于天津。1956年起先后就读于北京外语学院法语系、北京大学东语系和越南河内综合大学。1963年进入外交部，曾任亚洲司科员、副处长、处长，驻越南使馆二秘、一秘、研究室主任、政务参赞。1994年3月至1995年10月任驻老挝大使，1995年12月至2000年7月任驻越南大使。现为中国国际问题研究基金会研究员、郑州大学兼职教授、外交部外交笔会顾问。

一人同任三岛国大使

◎文并图 / 徐明远［前驻南太平洋三岛国大使］

1987 年 4 月，全国人大常委会通过了关于任命我为中国驻斐济兼驻基里巴斯共和国和瓦努阿图共和国特命全权大使的决定。随后，《人民日报》发布了国家主席李先念对我的任命。我于当年 9 月抵达斐济首都苏瓦。先后分别向斐济总督加尼劳、瓦努阿图总统索科马努、基里巴斯总统塔巴伊递交了国书，便正式履行我一任三使的外交使命。我在南太地区工作三年半。在此期间，随着国际及地区形势的变化，双边关系也分别经历了诸多的风风雨雨。但由于彼此的共同努力，不断克服了一个又一个的艰难及险阻，使双边关系均得以继续向前发展。中国同斐济，中国同基里巴斯，中国同瓦努阿图，两国和两国人民之间的友谊和了解继续加深。白驹过隙，岁不留人。转眼之间，本人离开南太已 20 余载。然而，那方美丽的水土，那方善良的人民，那方朋友们的深情厚谊，却依然历历在目，难以忘怀。今仅记几事。

斐　济

自力更生学中国

斐济总理马拉是南太地区的资深政治家。在他的决策下，斐济于 1975

年同中国正式建交，成为南太平洋岛国中第一个同中国建交的国家。马拉于1978年、1985年和1990年先后三次正式访问中国。1988年8月他还率南太岛国领导人对中国进行过非正式访问。1990年4月，马拉最后一次正式访华，李鹏总理称："马拉总理是中国人民的老朋友，为发展中斐之间的友好关系作过贡献。"马拉这次访华回到苏瓦后向我表示："中国人民在各个领域，尤其是在农业生产方面经验丰富，很值得学习。向中国学习，我在1978年第一次访华后就提出来了。"

作者夫妇同斐济总统夫人交谈

是的，1978年，他第一次访华时就一再表示，斐济要学习中国的自力更生精神，充分利用斐济优良的自然条件，努力实现蔬菜和粮食的自给。就在这次访华后，他参照中国的做法，在斐济的第二大岛瓦努阿莱吾大面积推广种植水稻。

稻米本非斐济的传统食物，它是伴随近代外部移民进入斐济的。斐济独立后，尤其是马拉推广植稻后，大力号召种植水稻。至1987年斐济的大米自给率达到了50%。然而，马拉从斐济的气候、土质，尤其是那丰富的水利资源看，种植水稻的条件堪称优越，便提出实现大米自给的目标。为增强人民自力更生意识，扩大水稻种植面积，斐济政府除了在投资和税收等方面制订相应的优惠政策外，每年1月，都要在全国发起一次水稻周，推广和鼓励水稻的种植。其间，邀请一些水稻生产国的使节，分别到首都附近的水稻种植区，出席水稻周开幕仪式，并请使节和当地官员及人民群众一道，下到水田，插秧示范。

使节赤脚下稻田

在我任职期间，曾几次被邀出席水稻周开幕仪式。最后一次被邀，是在雷瓦河流域的塔依莱武地区，一个名为纳塞莱的山村中举行的，因为这时正值斐济的雨季，农村土路变成一片泥和水，我们的汽车离会场很远就不能开动了，不得不下车涉泥水前往。这时，主持这次开幕式的斐济中部地区专员和塔依莱武的地方官员以及当地酋长都迎上前来。我们到达会场，200多当地群众早已在那里等候。当我们一坐定，会议主持便宣布大会开始。

首先，按照当地传统，我要接受酋长献的塔布阿（鲸鱼牙），和传统饮料洋格纳，然后宾主分别发表了热情友好的讲话。

之后，地区专员宣布水稻周开始。接着，我们走出会场，脱掉鞋袜，挽起裤腿，和当地官员一同下到水田插秧示范，从而揭开了这一地区水稻周的序幕。此时，雨虽停但云未散。附近青翠的山冈仍然云雾笼罩，山间田野的雨水在小溪和沟渠中流淌。此景使我蓦然想起苏轼的佳句："浮云有意藏山顶，流水无声入稻田。"站在稻田周围的几百名群众，不断发出热烈的欢呼和掌声，然后又齐声唱起了当地民歌。

斐济和其他国家的记者也蜂拥而至，有的抢最佳镜头，有的现场采访。他们普遍认为，一年一度外国使节下水田插秧是一大新闻，尤其每每担心使节们不堪如此作为。

《斐济时报》的一位记者，下到水田问我，在泥水中插秧，此景此情，感觉如何？我答曰："正常。能和斐济朋友一同下稻田非常高兴。"此记者在当天的《斐济时报》上作了如下报道："当中国大使下到约半米深的泥水稻田中，动手插秧示范时，大约有300名农民、妇女和儿童观看。中国大使回答记者采访时说，他来自中国北方农村，那里习惯于种小麦。但他也在南方种植过水稻，适于农业劳作，所以下到水田插秧，感觉正常。"

当我带着满腿满脚的泥水回到使馆时，同志们见了打趣说：在斐济也能重温"五七干校"生活，再当一次"五七战士"，机会难得。

瓦努阿图

递交国书饮“卡瓦”

作者在中国驻瓦努阿图大使馆开馆仪式上讲话

我于1987年10月，首次抵达瓦努阿图共和国首都维拉港。那时我国在瓦尚无常设机构，而下榻于宾馆。我首先约见瓦努阿图外交部代理常务秘书马拉巴和礼宾司长塔武瓦。马拉巴代表正在国外访问的外长，接受了我向他递交的国书副本，商定了递交国书的时间。

次日，瓦外交部礼宾司长塔武瓦来到宾馆，陪同我们夫妇乘上瓦方的礼车，由武警摩托车开道，到达国家宫。在门前，受到总统府秘书长卡洛蒂蒂的迎接。他带领我们进入总统办公室，总统索科马努和夫人及参礼官员已摆好姿势。按照塔武瓦的指引，在距总统约4米之处，我停住脚步，面向索科马努总统宣读颂词，然后趋前，连同国书和颂词递交给总统，再后退到原来位置。接着，索科马努总统致答词，答词毕，我再次向前，总统和我握手。并向我介绍他的夫人和参礼人员。我也向他介绍了我的夫人和随行人员，随即落座谈话。其间，主要是礼节性交谈和双方相互称颂两国友好合作关系。

但是，谈话间，瓦方依照瓦国总统接受外国使节递交国书的礼习，突然安排了向贵宾献“卡瓦”的程序。

“卡瓦”是当地人手工制作的一种传统饮料，又称“卡瓦酒”。呈黄色，味微苦，多饮会使人迷醉。因瓦国礼宾司并未预先告知有此礼程，我又是初抵南太地区，尚未领略此物。但也略知瓦国以“卡瓦”待客的规矩。那就是：

客人要一口气把碗中的“卡瓦”喝光，而且必须连干三碗，否则就是对主人的不恭。那天，事发突然，一听到就要献来这种从未见过的异国饮料，脑海里立即闪过一个敬畏之念。但为不失礼，我还是镇静以待。

随着塔武瓦司长的招手示意，只见一位瓦努阿图男士出现。他双手举一大托盘，其中放着一些用椰壳制成并镶了金边的碗，碗中盛着混黄色的“卡瓦”。再看那人的打扮，他上无帽，下无鞋。全身除了在腰围和胯下束有呈丁字形一条约10厘米宽的带子外，其余全部赤裸。正好就是瓦努阿图国徽图案中那人的真人秀。

献“卡瓦”人慢步走到我面前，双膝跪地，双手献给我第一碗“卡瓦”。我接过那碗黄色的“浑汤”，毫不犹豫地一饮而尽。索科马努总统和瓦方参礼官员，立即发出一阵有节奏的掌声。当为我献上第二碗时，我念及瓦国待客的规矩，接过“卡瓦”又是一饮而尽。当然又博得瓦方官员的一阵掌声。当我准备迎接第三碗“卡瓦”时，还是礼宾司长塔武瓦善解人意。他担心我承受不了“卡瓦”的强力，便示意献“卡瓦”人即可转向总统献“卡瓦”了。我同塔武瓦友好的目光立即聚焦在一起，并微笑着点头向他致意。

宾主先后饮“卡瓦”之后，便合影留念。总统府秘书长卡洛蒂蒂请我们夫妇在贵宾签名簿上签名后，即向总统夫妇告辞。室内仪式结束，由总统府秘书长卡洛蒂蒂陪同来到国家宫前面的广场上。在那里，我检阅了瓦国国家仪仗队。递交国书的仪式全部结束。

总统荐我上火山

当日中午，索科马努总统在泻湖大酒店设午宴欢迎我的到任。宴会上，双方分别讲话等一系列正规程序过后，就餐中，总统对我说：“阁下刚才的讲话中，曾描述维拉港景色如画。是的，瓦努阿图是一个旅游国家。我们不仅有景色壮丽的山水和如画的风光，更有独具民族特色的歌舞，还有一些独特的民族文化与习俗。阁下第一次来瓦努阿图，应到各个岛走走看看。”他稍停了一会儿又说："我今天要特别向你推荐，我们塔纳岛上的亚速尔活火山。那是南太地区唯一常年喷发中的活火山。也是世界上极少可以近距离接近的活火山，客人可以直达火山口。因为亚速尔火山的喷发，并非火山岩浆外溢，而是将燃烧中的岩石块喷射到100多米的高空，然后再落入火山口中。每次喷发，都要伴着巨雷般的响声，其过程十分精彩，也令人震撼。阁下可能还不知道，我们瓦努阿图有一句名言，即：来客不看亚速尔活火山，就等于没来瓦努阿图。阁下可不能不看呀！"总统说着，以南太人特具的豪放性格，爽朗地大笑起来。

当天晚上，维拉港的外交团团长、澳大利亚驻瓦努阿图高级专员为我的到任举行招待会，索科马努总统也应邀出席。我们见面聊了一会儿，总统又谈起火山的话题。他说："看亚速尔活火山，我建议在塔纳住一夜，以便夜晚去观赏火山的喷发。夜晚，随着阵阵火山的喷发，整个山头，会变得火树银花，流星落雨，犹如观赏烟花，极其壮观。"总统一面用双手在空中比划，一面眉飞色舞地向我介绍。第二天，我在下榻的宾馆举行到任招待会。总统索科马努当然是被邀请最高级别的嘉宾了。这次他再次向我详细介绍亚速尔活火山，并一再叮嘱我一定要亲自体验一回。招待会结束，总统向我告别时，又一次友好地说："阁下请记住，不看亚速尔活火山，就等于没来瓦努阿图。"我表示感谢。

事有凑巧。那年，我国有三位在塔纳岛援瓦的旱稻种植专家。按原定计划，我要到那里看望中国专家，和了解项目执行情况。在首都的日程完成后，我飞往塔纳岛。在那里，公事办完了，专家组的同志开车，陪我们去了趟亚速尔活火山，并到达了火山口。随着火山的不断喷发，我们的两耳塞满了雷鸣般的隆隆之声，鼻孔里充斥着浓烈的硫磺味，双脚下踏着强烈动荡而且石缝中冒着缕缕白烟的火山岩，两眼看着一组组火红的岩石被抛向蓝天又落入火山口。火山喷发，果然绚丽壮观，使人震撼，名不虚传。但那火山口是极其危险的地带。所以，我们的共感是：火山奇景，险地险观。不可不看，无需久览。既观赏了火山喷发，已不枉此行，便可打道回府矣。

基里巴斯

平民总统重诚信

基里巴斯总统夫妇在我驻基使馆招待会上

在浩瀚的太平洋中，有一个地球上唯一坐落在赤道和国际日期变更线交叉点上的国家——基里巴斯。其国土不多，只有812平方公里。但分布辽阔，从西到东，横跨国际日期变更线，绵延3000余公里，拥有600万平方公里的海域。由此，在其国内产生了一天的时差，西部的岛屿过元旦了，而东部的岛屿却还是除夕。因而她又是世界上唯一实行一国两日的国家。然而，基里巴斯是南太平洋岛国中人均收入很低的国家，也是联合国认定的最不发达国家之一。

渔民出身的基里巴斯开国总统塔巴伊，以憨厚、诚实和亲民著称。1988年底，塔巴伊对我说："阁下可能已经看到过我们的议会大厦。那是一座土木结构的玛尼雅巴（注：土语礼堂）。它是英国人统治基里巴斯时建造的。现在，不论它的外观，还是内部结构都太陈旧，议员们早就提出更新议会大厦的提案。我想，如果中国帮我们修建一座基里巴斯式的议会大厦，我们将十分荣幸和感谢。"我当即表示："我很理解总统所谈基里巴斯议会大厦需要更新的情况。我愿意向我国政府报告总统的要求。"

经报请国内同意，我国政府决定向基提供500万元人民币无息贷款修建议会大厦，并于1989年6月以照会形式通知了基方。后来，我同塔巴伊总统和蒂安纳吉副总统，一起商谈这笔贷款的安排。塔巴伊总统首先对中方援基修建议会大厦深表感谢。他接着说："我们研究了你们的友好贷款。正如我以前向你申述的那样，基里巴斯确实需要更新议会大厦。但是基里巴斯从未向外国贷款，因而我们十分重视归还贷款的信誉。我们认为，从决定接受贷款开始，就必须想到自己有没有能力偿还。否则，不能履行自己的诺言，那不仅是很不光彩的事，也是要失去朋友信任和违背国际道义的。从这一点出发，我们感到，修建议会大厦虽然十分需要。但那是一次性开支。修建起来，只能使用，不能产生新的财政收入。因此，现在借了钱，将来还债要落空。为此，我们感到很担忧。经我们再三研究，我和副总统可是费了一番思考。”这时，副总统蒂安纳吉插话：“有借有还，才是好朋友啊。”塔巴伊总统接着说：“为了能够按时偿还贷款，中国这笔贷款不可用于修建议会大厦。我们正在考虑，要找一个生产性的项目。初步考虑是扩建国际机场的跑道。机场是有利润的，对偿还债务会有保证。”

对于塔巴伊总统对中国这笔贷款的考虑和使用，我当即表示赞赏和尊重。后来经双方协议改由扩建机场跑道使用，并增加为1000万元人民币。塔巴伊总统和蒂安纳吉副总统对接受外国贷款的态度，使我感触良深。他们诚实守信的品德，闻之，察之，实在动人。

中国医生稳政局

也是在这个时间段里，基里巴斯还发生了一件大事，就是那全国唯一的一名外科大夫，经不住高薪的诱惑，应聘到另一岛国工作去了。在这个有7万多人口的国家里，一时引起了轰动。在首都塔拉瓦，人口占全国的一半，但只有一家医院。不几天，到医院看外科的病人多起来。只因没有外科大夫，病人和家属的情绪很不稳定，抱怨诸多。在有病不能就医的情况下，群众的不满情绪终于难耐。在首都发生了要求政府解决外科大夫的群众请愿。他们先到了卫生部，官员表示同情并答应尽力解决。又过了几天，仍看不到外科大夫，群众便再次请愿。这次进了总统府，要求向总统当面陈述要求。总统塔巴伊，一向平易近人。他见乡亲们来了，立即笑容满面地迎入他的办公室，耐心地倾听他们的诉说。然后，他告诉乡亲们，内阁已为此专门召开会议。但因国内无人才，外聘无资金，一时实在难以解决，请大家耐心等一等。群众很礼貌地离开了总统府。

转眼一个月过去了，仍见不到外科大夫，病人却越来越多。于是上百的群众找上了总统府。塔巴伊总统再一次热情地接待了他们，并对病人表达了由衷的同情和慰问。只是最后仍然拿不出解决办法来。这时有的人情绪激动，强烈要求政府重视民间疾苦。还有人表示，如果有病总是无处就医，如此下去，后果严重。群众虽然平和地离开了总统府，但很失望。随后，塔巴伊总统立即召集有关部长研究解决办法。总统认为，群众呼声非常合理，外科大夫涉及千家万户的健康。从群众的情绪上可以看出，这个问题到了非解决不可的时候了。如果再不解决，会有更多的人对政府不满，也会有更大规模的群众向政府请愿，那将直接导致社会不安定，以至影响到政局。

就在基里巴斯政府心急如焚之际，中国政府同基里巴斯政府签订了第一个经济技术合作协定。根据协定，中国将向基方提供无息贷款和新的赠款。塔巴伊总统设想，贷款是专用的，不可挪作他用。但赠款项目尚不知中方用途。为此，他提议与中方商讨，请中方考虑可否向基方派遣外科大夫，费用由赠款开支。当基方这一提议向我方正式提出后，我们立即以特急的电报向国内请示，建议急基方之所急，以我方赠款为费用，尽快选派外科大夫赴基。国内很快答复同意，并以最快速度从广州医学院抽调一名外科医生和一名麻醉师到基工作。他们两人星夜兼程，辗转到达这个南太平洋岛国。

中国医生的到来，犹如久旱逢甘霖。他们立即以高尚的医德和精湛的技艺投入工作，受到基里巴斯政府和人民的热烈欢迎。塔巴伊总统深情地对我说："中国医生来得太及时了。如果我们基里巴斯政府再拖延解决外科大夫问题，人民对政府的不满，就会从一般性事务发展为政治性事务，以至导致社会不安和政局不稳。两位大夫来了，群众满意了，人心和政局自然也稳定了。从这个意义上可以说，中国外科大夫稳定了政局。我们对中国政府兄弟般的真诚支援，发自内心的感谢。"随着他那爽朗的笑声，可以看出，近期来他脸上因外科大夫一事困扰的阴云被一扫而光。

作者小传

徐明远，1930年10月生，山东邹平县人。1959年毕业于外交学院。自1960年起，先后任中国驻瑞典大使馆随员、三秘、二秘，外交部政治部组织处长，中国驻乌干达使馆政务参赞，中国驻斐济兼驻基里巴斯共和国和瓦努阿图共和国大使。1991年离休，返聘于外交部政策研究司再工作10年，并任外交学院兼职教授，外交部外交笔会副会长。现为外交笔会顾问，中国国际友人研究会理事。著有诗词集、长篇小说、纪实文学等，合著《新中国外交五十年》，合编《国际政坛女杰》等。中国作家协会会员、中国报告文学学会会员。

亲历尼泊尔王室血案

◎文并图/曾序勇［原驻尼泊尔、科威特大使］

2001年6月1日晚，尼泊尔发生震惊世界的王室血案，比兰德拉国王、艾什瓦尔雅王后、尼拉真王子、什露蒂公主等9名王室成员惨遭杀害，而凶手竟是国王的长子、王储迪潘德拉！

这一事件改写了尼泊尔王国的历史，导致有二百多年历史的尼泊尔沙阿王朝和君主制迅速走向覆灭。整整十年过去了，这一疑点重重、扑朔迷离的王室灭门惨案在尼泊尔人心中的阴影，至今挥之不去。

笔者时任中国驻尼泊尔大使，亲历了这一特别事件，愿将当时应急处理这一重大突发事件的情况及所见所闻记述如下。

比兰德拉国王全家福。从左至右分别为国王夫妇及其二儿子、女儿和王储长子

凌晨获悉惊天案，迅速核实报国内

2001年6月2日凌晨，一位尼泊尔朋友向我使馆通报称：昨晚王宫发生惊天血案，王储迪潘德拉开枪打死了比兰德拉国王和王后等多名王室成员。

我从电话中听到消息后十分震惊，马上意识到这是一起重大突发事件，使馆的职责首先是尽快核实报告国内。虽然这位尼泊尔朋友同我馆有多年交往，是可以信赖的，但我想起多年前尼泊尔曾经发生过误传尼泊尔王后向国王开枪的事情。不经核实，如此重大的事件，肯定是不能随便上报的。我立即召集政务参赞、武官、研究室主任等，要求他们设法通过朋友了解情况，不间断地跟踪BBC、CNN等外国传媒和尼泊尔广播电视的有关消息报道。使馆武官处打电话同熟悉的尼泊尔军方两位负责人联系，结果均被告知他们不在家中。这从侧面证实肯定出了大事。很快，英国广播公司BBC第一个公开报道了尼泊尔发生王室惨案的消息。我立即同老朋友、尼泊尔前首相比斯塔通了电话（按：比斯塔被国王多次任命担任首相，同王室关系密切；前一天，即6月1日晚发生王室血案时，我正好在使馆宴请他一家）。比斯塔证实国王、王后和多名王室成员中枪被送往陆军医院已不治身亡。我立即以特特急电报告了国内。

从外电、尼泊尔报纸和各种途径陆续传来消息，王室惨案的大体情况渐趋明朗：由于国王和王后不同意王储迪潘德拉与恋爱多年的女友德芙雅尼结婚，在6月1日晚王室例行的家宴上，迪潘德拉在醉酒的情况下向比兰德拉国王等王室成员开枪射击，然后开枪自杀。比兰德拉国王、艾什瓦尔雅王后、尼拉真王子（国王之子）、什露蒂公主（国王之女）、香蒂公主（国王之姐）、沙拉达公主（国王之妹）、贾扬蒂公主（国王堂姐）、卡德加驸马（国王妹夫）等8人已身亡，王储本人和国王的三弟迪兰德拉亲王处于昏迷之中，命悬一线。国王的二弟贾南德拉亲王当晚不在首都，惨案发生后正从西部城市博克拉赶回加德满都途中。随着案情的逐步明朗，我又把进一步核实了解的情况及时报告了国内。

只有哀乐无报道，电视通知众使节

当天清晨6点，尼泊尔电视台开播之后，停止了正常的节目，而是一直播放令人心碎的哀乐和三名祭司合唱哀歌的画面，十分凄楚悲切，但是没有任何有关的消息报道。尼电视台大多用尼泊尔语播放，使馆只有我懂尼泊尔语，所以我在办公室一直盯着尼泊尔电视台的节目。

上午9点，尼泊尔电视台播出了尼泊尔国务委员会的紧急通知，要求该委员会成员立即前往国务委员会办公大楼开会。国务委员会由首相、议长、陆军参谋长等高级官员组成，是负责处理王位继承等重大事务的宪法机构，平时基本没有什么活动，现在突然召开紧急会议，显然同王室血案有关。

当天要紧急处理的第二件事情就是及时了解尼方葬礼的安排，特别是是否邀请外国领导人参加葬礼。上世纪九十年代初，我在外交部亚洲司任印度处处长时，在印度领导人拉吉夫·甘地遇刺身亡后，曾紧急办理过国务委员兼外交部长吴学谦特使赴印度出席葬礼的案子，并作为工作人员随吴特使专机前往印度。这段经历提醒我要重视此事，因为这涉及中央及时决策的问题，无疑是国内急切关心的事情。但是当天上午多次同尼泊尔外交部主管官员电话联系，都被告知：有关国王葬礼的安排由尼泊尔内政部负责，目前外交部不了解情况；如有消息，会及时通知外国驻尼使馆。

直到中午1点30分，尼泊尔国务委员会主席拉伊玛吉才在电视台宣布：比兰德拉国王等8人已于6月1日晚9时15分去世；按照宪法程序，王储迪潘德拉为新国王，但鉴于迪潘德拉仍处于昏迷状态，暂由贾南德拉亲王摄政；当日晚些时候，将举行比兰德拉国王等王室成员的葬礼。接着，尼泊尔电视台播放了尼泊尔内政部的紧急通告称，下午2时30分在陆军医院举行国王和王后的遗体告别仪式，请尼政府高级官员和外国驻尼使节前往出席。

至此，比兰德拉国王的葬礼安排已经明确，即当日举行，不邀请外国领导人出席。我立即将有关信息报告了国内。

出席遗体告别式，音容笑貌犹眼前

鉴于尼方来不及书面照会正式通知使团，尼内政部通过电视台发出的通告应视为尼政府的正式通知。但是王室血案在首都引发了一些骚乱。数万群众涌到街头，聚集到王宫门前的大道，向遇害的国王和王后志哀。由于政府迟迟未就此事件发表声明，部分愤怒的青年聚众示威，高呼反政府口号。还有上千人在首相府附近集会，与警察发生了冲突。尽管当时加德满都市面气氛紧张，考虑到中尼两国的亲密友好关系，我仍决定偕夫人前往陆军医院出席国王和王后的遗体告别仪式。

下午 2 时 10 分，我和夫人乘车从使馆出发前往尼泊尔陆军医院。不知是表示哀悼或是担心有人闹事，沿途商店大多关闭停业，行人和车辆都很少，主要路口执勤的军警比平时明显增多。经过我国援建的环城公路，大约 2 点半钟，我所乘坐的插着中国国旗的黑色奔驰抵达陆军医院。医院主楼前已站满了尼泊尔高级军政官员。我下车后，同一些熟识的内阁大臣等握了手。大家除了表示震惊和悲痛，大都相视无语。外国使节除了联合国开发署代表外，没有看到其他国家驻尼大使。我估计可能因为事发突然，各国大使没有接到尼泊尔外交部的通知（使团活动通常是由外交部正式通知），又没有听到尼泊尔内政部用尼语广播的通告；加之市面形势紧张，担心这一突发事件引起社会动乱，从安全考虑决定避免前往。

医院主楼的院子里临时搭起了两顶帐篷，比兰德拉国王和艾什瓦尔雅王后的遗体分别停放在这两顶帐篷里。文武百官都到齐后，大约 3 点钟，军乐队奏起哀乐，遗体告别仪式开始。首相、议长、国务委员会主席、前首相、大臣等依次徐徐向两顶帐篷走去。我和夫人也按尼方礼宾官安排，排在内阁大臣之后慢慢前行，先后向王后和国王的遗体告别。我们按照尼泊尔的礼节，向遗体献上一束鲜花，双手合十并鞠躬致敬。国王躺在绿叶和花丛中面容还算安详，而王后全身和左脸全部用鲜花覆盖（据报道，王后头部中枪伤及左脸，被严重毁容），仅可看见右脸，她右眼圆睁露出惊恐状，此情此景令我们十分难过。就在3个月前，我们曾连续7天从海南到北京、杭州、上海全程陪同国王和王后访华；半个月前还出席过国王和王后在王宫为朱镕基总理举行的晚宴。国王和王后的音容笑貌犹在眼前，而今已是阴阳两界，不由得心情沉重、感慨万千。

由于尼方并未邀请外国使节出席随后在帕苏帕提神庙前举行的火葬仪式，我们随即驱车返回使馆。返馆后，打开电视观看了给比兰德拉国王送葬和火化仪式的实况转播全过程。

当天，除向国内及时报告国王葬礼情况、各方对王室惨案的初步反应之外，我还建议以我们国家领导人的名义向尼方发唁电。

调查报告揭真相，王储婚事成焦点

王室血案发生后，媒体逐渐报道了一些目击者披露的内情。6月4日贾南德拉登基后立即下令成立了调查委员会。该委员会进行了案发现场调查并逐一询问了当晚参加王室聚会的幸存者（包括在医院的伤者）以及招待、警卫、医生等相关人员。6月中旬，尼泊尔政府公布了调查报告全文（包括对数十人的询问笔录）。笔者仔细阅读了数十页的调查报告。根据该调查报告和各种媒体的披露，导致王室血案的缘由及当晚案发现场的情景大致如下：

王室血案缘于国王和王后与王储迪潘德拉在婚姻问题上的尖锐矛盾。迪潘德拉与其美貌的女友德芙雅尼相恋了十多年。但是德芙雅尼的家庭与印度有很深的渊源。她的母亲原是印度中央邦的王宫贵族；她的舅舅辛迪亚是当时印度主要反对党的领导人之一，她的姨妈曾任印度人民党政府的一名内阁部长。长期以来，印度与尼泊尔关系密切，但各种矛盾冲突不断，尼泊尔国内人民反印情绪非常严重。尼泊尔王宫不愿意迎娶一位有印度血统的未来王后。德芙雅尼的印度家庭背景为她同王储的结合设置了政治障碍。其次，德芙雅尼的父亲帕苏帕提·拉纳是尼泊尔最显赫的拉纳家族成员，又是比兰德拉留学英国的同窗，曾被国王任命为外交财政大臣（1978 年邓小平副总理访尼期间，他曾作为陪同部长陪伴邓小平参观访问；笔者任大使期间同他保持着友好交往），同国王关系不错。但他同王后艾什瓦尔雅分属拉纳家族相互对立的两个分支，王后不希望属于对立家族的德芙雅尼成为未来的尼泊尔王后。艾什瓦尔雅王后为了拆散这对恋人，用尽一切办法，并且为王储物色了一位名叫苏普里雅·沙阿的女孩。这个属于王室家族的女孩既美丽又端庄，深得王后欣赏。但王储却不喜欢母亲选定的女孩，更没有娶她的意思。王储对王后反对他与德芙雅尼结婚十分苦闷，心生怨恨。

据说，在王室血案发生前 4 天，国王和王后向迪潘德拉发出“最后通牒”，告诉他有两条路可选择：一是同王后选定的女孩结婚，同时允许他同女友德芙雅尼保持情人关系，这样可继续成为王位继承人；二是坚持娶德芙雅尼，那就必须放弃王位，由其弟尼拉真王子继承王位。迪潘德拉对德芙雅尼的爱已到了非她不娶的地步，难以回心转意。而德芙雅尼虽然也爱王储，但她出身名门，坚持明媒正娶地嫁给王储，而不是当他的情妇。她的家庭也坚决反对。这样，迪潘德拉被逼到墙角，他心灰意冷，产生了玉石俱焚的可怕念头。他曾告诉他的朋友，他会在 30 岁生日（6 月 27 日）前与母亲彻底摊牌。

王储饮酒后举枪，警卫不得靠近前

6 月 1 日晚在王宫举行的王室家庭晚宴是多年来王室成员每月一次的例行聚会。聚会在皇家花园内的大客厅举行。晚宴开始前大家都是在旁边的一间弹子房内等候，一边喝饮料，一边聊天。通常年轻的王室成员到得较早。当晚，迪潘德拉王储 7 点多钟就到了，和与其同辈的姑表兄弟间聊天喝酒，他喝了两大杯烈性的威士忌。国王、王后等 8 点多钟也先后到达。大约 9 点钟，喝得酩酊大醉的迪潘德拉离开聚会的客厅，穿过花园回到他的住所——位于花园旁边的一幢二层小楼。他吸食了含有可卡因的香烟，与他的恋人德芙雅尼通了几分钟的电话，然后换上了一身迷彩服。当他身着戎装出现在大厅时，人们看见他把帽檐压得很低，几乎盖住了他的脸，身上背了一支 UZI 冲锋枪和一支 M-16 自动步枪。他大步走进旁边一间房间，他的父亲比兰德拉国王正坐在那里。他举起枪朝他父亲射击，比兰德拉颈部和腹部中枪，颈部不断流血，脸上露出极度的惊讶。紧接着迪潘德拉又向其他人扫射，一个又一个王室成员中弹倒地。事情发生得太突然，人们根本来不及反应，大家呆呆地看着迪潘德拉端枪扫射。在整个过程中，他脸上没有任何表情，也没有说一个字，只是漫无目的地扫射。后来，迪潘德拉似乎无法控制手中的枪，开始向空中扫射，子弹打进了天花板，一些碎片落到了地毯上。

扫射终于告一段落，迪潘德拉转身向花园走去。他的母亲艾什瓦尔雅王后和弟弟尼拉真王子追了出去，可能是想去劝阻他，结果也被射杀，王后是前额中弹。

后来，迪潘德拉重新回到宴会厅，他的三叔迪兰德拉亲王试图劝阻他，不断哀求他“把枪放下”，但迪潘德拉没有停止射击。迪兰德拉胸部中弹倒地后，王储的婶婶和表妹上前去想帮助受伤的迪兰德拉，但她们的胳膊和肩部也被子弹击中，动弹不得。迪潘德拉还用自动步枪向比兰德拉国王身边的什露蒂公主和沙拉达公主（比兰德拉之妹）开火。

在血案中受伤的还有贾南德拉的夫人科马尔（她是艾什瓦尔雅王后的胞妹），她肺部中枪，肋骨被子弹打穿。后来经过近一个月的治疗后康复。6 月 4 日新国王贾南德拉加冕当晚，科马尔被封为王后。

在血案中颇具戏剧性的是在场的贾南德拉亲王的儿子帕拉斯（贾南德拉继位后他成为王储）奇迹般地躲过了迪潘德拉的射杀而幸存下来。据事后调查，在迪潘德拉开枪射杀多人后，帕拉斯曾让旁边几名吓坏了的王室妇女躲在他旁边的桌子下面。而迪潘德拉第二次进入宴会厅后，曾一度把枪口指向帕拉斯。帕拉斯求他别开枪，迪潘德拉居然慢慢走开，没有向他和躲在旁边的王室女眷开枪。

整个射杀过程持续了数分钟，国王等 8 名王室成员当场被打死，迪兰德拉亲王受重伤数日后不治身亡，另有多名王室成员受伤。迪潘德拉最后在花园的小河边的桥上用枪对准自己的头部开枪自杀。

按照王室的传统做法，王室每个月第一周的周五晚上举行的家庭聚会，参加者除王室成员外，仅有几名招待员在场，包括国王、王后的贴身警卫在内的所有警卫人员均不在现场。王宫内的值班警卫离宴会厅最近也有数十米远，没有得到命令是不能擅自入内的。这也是王储在宴会厅疯狂开枪杀戮而无人能阻止的原因。突发事件令在场的多数人目瞪口呆、惊慌失措。后来，迪兰德拉亲王的女婿夏希受伤后从窗户跳出去找警卫求援。等警卫人员得知出事后赶来为时已晚，无可挽回的惨剧已经发生，现场惨不忍睹。他们所能做的，只是赶紧把所有死伤者送往医院。

致力友好三十载，逝前还在忙出访

尼泊尔是我国的友好邻邦。比兰德拉国王在位近三十年，为中尼友好合作关系的发展做出了重要贡献，是中国人民的真诚朋友。比兰德拉 1945 年 12 月生于加德满都，1972 年继承王位后坚持奉行对华友好的政策。他继位后为中尼友好做了一件大事，那就是在 1974 年调动皇家军队，围剿盘踞在尼北部边境的数千名西藏叛匪，一举解除了这股叛匪的武装，恢复了中尼边境的和平安宁。

比兰德拉曾十次访华，他最后一次访华是在他去世前三个月（2001 年 2 月 26 日至 3 月 4 日）。比兰德拉国王应江泽民主席的邀请，作为唯一外国元首和特邀嘉宾，出席了在海南博鳌举行的亚洲论坛成立大会并对中国进行了国事访问（这也是比兰德拉国王生前最后一次出国访问）。江主席盛赞国王为博鳌论坛正式成立和圆满成功做出了贡献，赞赏国王十次访华充分体现了他对中尼睦邻友好关系的重视，也是中尼睦邻友好关系的具体表现。国王表示，希望尼中睦邻友好在新世纪获得新的发展。两国领导人就新世纪巩固和加强睦邻伙伴关系达成了广泛共识，访问取得圆满成功。2001 年 5 月 15 日，比兰德拉国王和王后在王宫亲切会见并宴请对尼进行正式友好访问的朱镕基总理夫妇。这也是国王生前最后一次接待外国政府首脑。正因为如此，6 月 1 日尼泊尔发生的王室血案引起中央高度关注。

6 月 3 日，江泽民主席和朱镕基总理分别以发表谈话和致唁电方式对比兰德拉国王不幸罹难表示深切哀悼和痛惜，高度评价他为中尼睦邻友好关系所做的卓越贡献，表示中国人民将永远怀念他。

值得一提的是，江主席以发表谈话而不是通常致唁电的方式表示哀悼，在我国外交史上是极为罕见的。这是因为王室惨案发生后，尼方依法宣布王储迪潘德拉继任国王。但迪本人正是惨案的制造者，又处于昏迷状态，致唁电给迪潘德拉显然是不合适的，因而采取了发表悼念谈话的特殊方式。

获悉尼泊尔发生王室惨案后，6 月 2 日晨，唐家璇国务委员兼外长亲自指示我馆尽快了解事件发生的背景和原因，分析此事对尼泊尔政局和中尼关系的影响等；同时指示我适当推迟离任时间（此前外交部已通知我于 6 月份离任，转馆至科威特任职）。根据国内指示，在 7 月底我离任前的近两个月时间里，我积极开展对外活动，并结合辞行拜会，广泛拜访、约见尼泊尔各界人士尤其是政界高层人士，并把重要情况和我的看法和建议详细报告了国内，为国内及时准确掌握王室惨案后尼泊尔的政局发展提供了重要依据。

王室威望受重创，不久被废君主制

王室血案发生后，迪潘德拉王储的女友德芙雅尼出于个人安全原因迅速飞离加德满都前往印度。据说她因悲伤和恐惧须服镇静剂并卧床数日，然后转赴伦敦投靠其姐姐。调查委员会曾要求她回国作证，但遭到拒绝。2011 年，她与印度一名内阁部长之孙艾什瓦亚·辛格结婚。由于她与尼泊尔王室血案制造者的特殊关系，她的婚事引起媒体的关注并给予了广泛报道。

6 月 4 日凌晨，迪潘德拉（按宪法程序仅当了三天名义上的国王）在医院因伤重不治身亡。当天上午，国务委员会召开紧急会议后宣布：摄政的贾南德拉继位尼泊尔国王。当天贾南德拉国王在哈努曼多卡宫举行了登基加冕典礼。

我离任之前最后一次与贾南德拉国王会见是在 6 月 25 日，那是我的辞行拜会。下午 4 点多，我驱车从西门进入王宫。会见仍安排在过去比兰德拉国王多次接见过我的办公兼会客室。同样是单独会见，没有任何助手。贾南德拉国王同我相互合十致意并握手，双方落座后，开始交谈。这次谈话主要涉及三点：一是关于双边关系；二是关于王室血案，贾南德拉继位后任命的调查委员会此前早已公布了详细的调查结果；三是尼泊尔国内政局。

我对贾南德拉继任后尼泊尔国内政局的前景并不乐观。因为我认为，王室血案不仅使尼泊尔失去了比兰德拉国王这位有较高威信、能稳定局势的政治家，而且使国王的权威和王室的威望遭受重创；而贾南德拉的威望远不及比兰德拉。如果他真的采取强硬政策，激化国内矛盾，恐怕尼泊尔君主制将难逃覆灭的命运了。

尼泊尔许多人迄今仍不相信王室灭门惨案是王储所为，认为该案件疑点重重，背后定有天大阴谋。除一种怀疑指向贾南德拉外，还有一种怀疑指向某大国，认为该国不喜欢比兰德拉国王的“亲华”政策。因而利用王室内部矛盾，精心策划了王室血案。但所有这些都只是猜测而已，没有任何证据。

官方的调查报告和所有目击证人都证明血案是王储迪潘德拉一人所为。

2008 年 5 月，尼泊尔制宪会议决定废除君主制、实行共和之后，当时的内阁首相曾表示要重新调查王室血案，但迄后并无下文。笔者认为，十年前发生的尼泊尔王室血案背后如果真有什么惊天阴谋，除非知情者或当事人拿出可信的证据予以披露，否则将永远是千古之谜。

作者小传

曾序勇，1942 年生于重庆市。1960 年后，先后在西藏行政干部学院、北京广播学院和外交学院学习尼泊尔语和英语。1964 年调入外交部，先后在中国驻尼泊尔大使馆和外交部任随员、三等秘书、二等秘书，驻印度使馆一等秘书、外交部亚洲司副处长、处长、驻尼泊尔使馆政务参赞、驻印度使馆公使衔参赞、驻尼泊尔大使、驻科威特大使。其间，曾随同多位国家领导人出访或担任过翻译。2003 年退休。出版过《加拿大》、《神奇的山国尼泊尔》等著作。

目睹切尔诺贝利死亡区

◎文并图 / 周晓沛［前驻乌克兰大使］

日本福岛核电站发生事故后，世人谈“核”色变，再度对核电安全问题提出质疑，并情不自禁地联想到20多年前发生的前苏联切尔诺贝利核灾难。应该说，一个是人祸，一个是天灾加人祸，二者既有所不同，也有某种相似之处。切尔诺贝利核电站爆炸及其后果的真相究竟如何？我们又应从中汲取

2000年外交使团参观切尔诺贝利核电站并在“石棺”前合影（作者右五）

哪些经验教训？虽然其中有的还是谜中之谜，但不妨将笔者亲眼所见的一些真实情况和切身感受同读者一起分享。

第聂伯河畔明珠蒙上阴影

意为“边陲之地”的乌克兰，处于欧洲腹地，历史悠久，风景优美。著名的第聂伯河发源于俄罗斯，流经白俄罗斯，纵贯整个乌克兰中部后注入黑海。乌克兰首都基辅位于第聂伯河中游两岸。基辅市始建于公元5世纪下半叶，是古代斯拉夫民族的政治、文化中心之一。相传在很久以前，斯拉夫部落传奇式的英雄基、谢克和霍利夫三兄弟沿第聂伯河驾舟而来，在河边建了一座城市。为纪念其兄长，将此城命名为“基的城市”。9世纪末，基辅罗斯定都于此。随着基辅罗斯崛起，美丽的基辅被誉为第聂伯河上的“帝王之都”。基辅罗斯奠定了俄罗斯、乌克兰和白俄罗斯三个东斯拉夫民族的文化根基。基辅罗斯一直被奉为俄罗斯历史的发端，基辅明珠也被称为“俄罗斯诸城之母”。

作者夫妇在美丽的第聂伯河上

基辅市内有数十条林荫大道和数百个街心花园及草坪。5月的基辅鲜花竞放，尤其是满街的一串串栗子花形成一道道亮丽的风景。10月，市区处处可见金色的栗子果，景色如诗如画，当地人称为“黄月”。城内11世纪的名胜古迹众多，一幢幢古老建筑和现代大楼交错掩映在绿树花丛中，城市外围还有好几处森林公园，基辅因此赢得了“花园城市”的美名。

1980年，我在驻前苏联大使馆工作时，曾访问过乌克兰加盟共和国。早就听说，该国有三分之二的土地是黑钙土，世界上四分之一的黑土都集中在乌克兰这块宝地上。在参观集体农庄时，有生以来第一次看到了真正的黑钙土。那是一种油黑、松软的土壤，有一米多深，土中含有丰富的腐殖质，包括大量的钙以及氮、磷、硫、铁等矿物质，最适宜于种植农作物。由于土壤肥沃，乌克兰创造过人均生产1吨粮的纪录，素有欧洲“粮仓”盛名。据许多乌克兰人说，在第一次世界大战之后和“二战”中德军占领乌克兰期间，德国人用整列车皮将这里的黑土运往德国，可见其多么珍贵。

不幸的是，就在这样一个美丽富饶的国家，发生了一场震惊世界的核灾难。切尔诺贝利核电站反应堆爆炸后产生的放射污染，相当于日本广岛原子弹爆炸辐射量的100多倍。前苏联时期的这场人类悲剧，成了永远挥之不去的浓重阴影。

乘车进入“死亡区”

1991年乌克兰独立后，我曾随同中国政府代表团访问基辅，商谈有关两国建交事宜。7年之后，我被任命为中华人民共和国驻乌克兰特命全权大使。

1998年周晓沛大使向乌克兰总统递交国书

2000年初的一个星期天，乌克兰外交部组织驻基辅外交使节参观切尔诺贝利核电站。据介绍，这是多年来首次安排这样的活动。切尔诺贝利核事故在我心中一直是个谜团，巴不得能有机会亲眼去见证一下历史。我是使团中报名最早者，并最先抵达乌克兰外交部门口集合地点。外交部礼宾司的官员说，使团中原报名参观的有近40人，最后实到仅为一半。

2月8日清晨，我们乘坐一辆大巴向基辅以北的方向驶去。切尔诺贝利离基辅的直线距离只有90公里，而汽车的路程为130多公里。出城后，一路上很少遇到过往车辆。当我们经过一个名叫伊万科夫的城镇后，道路开始颠簸，不时可以看到被废弃的住宅、厂房和杂乱的建筑材料，给人一种莫名的凄凉之感。

大约过了两小时，我们来到了一个有武装卫兵把守的检查站。陪同人员介绍，1986年发生切尔诺贝利核电站事故后，政府做出决定，以切尔诺贝利为中心，将方圆30公里的区域划为“核隔离区”，亦即所谓“死亡区”。周围筑起两米多高的铁丝网，未经批准，任何人不得入内。

进入“死亡区”后的第一感觉是，这儿并不像原先听说的那样可怕，路旁的草木依然茂盛，并未发现什么畸形的动植物。据说，两年前17匹蒙古野马找到了这块没有人烟的地带，并在这里繁衍后代。隔离区内目前有400多种动物，包括280种禽类和50种濒临灭绝的动物。在远处，居然还有一些稀稀拉拉的民宅和耕地。经询问，虽然政府严令当地居民疏散外迁并予以妥善安置，但一些老人不习惯易地生活，又陆续回迁，目前大约住着200来户土著居民。

临近切尔诺贝利核电站时，又经过了一道岗哨的严格检查。与此前不同的是，这儿多了点人气，可以见到路上的行人和车辆。按照指定路线，我们先去参观当年切尔诺贝利核电站工作人员居住生活的普里皮亚季城。这个小城离核电站不到5公里，原有约5万居民。基辅的一位作家在书中这样写道：在20世纪70年代中期，普里皮亚季城生活、娱乐设施齐全，成为世界上“最年轻的城市”。然而，它也是世界上“最短命的城市”。如今，普里皮亚季成了一座再也不能复生的“死城”。在进入小城之前，陪同人员就交代，要把所有玻璃窗关严，任何人不得开门下车。车内的气氛骤然紧张起来。

当汽车缓缓地开进一片杳无人烟的街区时，我们被满目疮痍的悲惨景象惊呆了：街道两旁的商店、旅馆空空荡荡，职工宿舍楼破烂不堪，幼儿园、文化宫一片狼藉，废品、垃圾堆积如山，被遗弃的公共汽车还敞着车门停在路边……废墟四周死一般的寂静。突然，一阵寒风刮起，从阴森森的断壁残垣内传出嘎吱嘎吱的碰撞声，令人毛骨悚然。

一改过去使团旅行时的欢声笑语，大家谁也没吱声儿，都目不转睛地注视着车窗外闪过的一个个只有在电影里看到过的恐怖镜头。待汽车驶离这片生命禁区，陪同人员才继续进行介绍。这里很少有人前来参观。城里的核辐射量比以前要少多了，据专家测试，从几百微伦琴到几十伦琴不等。这种辐射量通常不会对人体健康造成伤害。当然，停留时间不能长，也不能碰摸这里的任何东西。

没过多久，我们来到了由一座办公楼和四个核电机组联为一体的乳白色建筑群前。这就是举世闻名的切尔诺贝利核电站。

参观前苏联列宁核电站

前苏联列宁核电站

主楼前屹立着一座列宁雕像，楼门上方依然保留着前苏联国徽，一块铜制门匾上刻有“苏联原子能部切尔诺贝利列宁核电站”的字样。这里的一切仿佛又回到了14年前的情景：1986年4月26日1时23分44秒，就是眼前这座电站综合体另一端的4号机组核反应堆发生爆炸。反应堆内的8吨多放射性物质外泄，给核电站附近的员工和居民，给国家经济和生态环境带来了无法估量的巨大灾难，酿成人类和平利用核能历史上最惨痛的悲剧。

国际上最先报告核泄漏事故的是瑞典核电站的监控人员。前苏联官方于28日21时才公布了有关消息，事故3天后附近的居民才被匆忙撤离，5月1日还照常在基辅市举行盛大的节日游行。

据统计，欧洲地区遭受切尔诺贝利核事故污染的区域达20万平方公里。乌克兰、白俄罗斯和俄罗斯遭污染土地约14.5万平方公里，受灾人数为650多万。核辐射直接导致27万人罹患癌症，其中9.3万人很快死亡。参加救灾的60万人中，有7000人在5年内相继死亡，其中包括一些核科学家和核工作者。因核灾难而致死人数总计约50万。乌克兰有近5万平方公里土地遭核污染，13万居民被迫迁移，受灾人数达300多万，特别是儿童患放射性疾病的比例急剧增高。俄罗斯受污染耕地为2900平方公里，森林达98万公顷，至今仍有4300个村镇、近150万人未能撤离污染区。受灾最重的要数白俄罗斯。由于当时正好向西北方向刮风，并下了一场暴雨（据说是人工降雨），大量含有核放射物质的尘埃飘落在位于切尔诺贝利北部的白俄罗斯境内。白俄罗斯23%的国土被污染，400多个居民点变成无人区，另有200万人包括47万名儿童至今生活在污染区内。

核电站的总经理和工作人员在门口迎接我们。基辅市市长特地赶来会见使节参观团。市长对我们来切尔诺贝利表示欢迎后指出，最近某些媒体散布谣言，称电站3号机组又出现了核泄漏。因此，使节们是冒着“风险”来参观的。同时谈到，他希望西方国家尽快兑现提供财政援助的承诺，以便乌克兰政府能如期安全关闭核电站。总经理向我们详细介绍了有关情况。

切尔诺贝利核电站现有职工5000多人，居住在距切尔诺贝利50公里的新城——斯拉乌季奇市。电站始建于1970年，共有4座装机容量为1000兆瓦的石墨型核反应堆，是前苏联时期世界上最大的核电站。1号、2号、3号、4号机组分别于1977年、1978年、1983年、1984年并网发电。没想到，最新的4号机组检修时会出事故，爆炸引发的大火浓烟整整持续了10天。当时十万火急，消防人员根本无法靠近，只能派直升机从高空向燃烧中的核反应堆抛投沙袋、水泥和钢筋，以便构筑一个厚达几米的保护罩，形成封盖反应堆的“石棺”。

乌克兰煤炭资源丰富，但严重缺乏清洁能源，在切尔诺贝利兴建这座大型核电站正是出于弥补清洁能源不足的考虑。1986年4号机组发生事故后，因乌克兰供电紧张，其他三个机组不得不冒着极大安全危险继续运行。2号机组1991年又发生火灾事故，此后一直处于非工作状态；1号机组运行到1996年关闭：3号机组按计划应于2000年底前关闭，可经过几次检修后仍在运行。迄今，专家们对“石棺”内残留的核燃料状况知之甚少，估计可能还有100吨左右。在雨水的长期渗透侵蚀下，“石棺”已出现裂缝，其顶板有坍塌的危险。而且，核燃料也会产生某种自然反应。因此，彻底改造“石棺”成了最紧迫的难题。1997年，西方七国集团首脑会议要求乌克兰政府完全关闭切尔诺贝利核电站，并承诺筹集10亿美元的资金，帮助建造一个重达1.8万吨的巨大钢棚，用以屏蔽整个“石棺”，保护核电站周围免受放射性物质的危害。但改造“石棺”所需的大量资金远未到位，核电站能否如期关闭也成了问题。

听了电站负责人的介绍，使节们的心情变得沉重起来。大家未提任何问题，都默默地跟在主人后面，参观了展厅中的核电站模型和3号机组控制室。自4号机组发生事故后，与3号机组相邻并连接在一起的通道已被封堵。我们顺着一条长廊返回主楼的门口，坐上汽车前往参观4号机组。

令世人惊愕的“石棺”

不一会儿，一座造型奇特的巨大灰色建筑体呈现在我们眼前。四周有围墙和铁丝网，戒备森严，一看便能猜出，这就是人们常说的“石棺”。“石棺”高75米，宽110米，长160米，里面掩埋的就是4号机组核反应堆。为扑灭反应堆爆炸而引起的熊熊烈火，政府动用了军队和直升机。抢险人员当时毫不知情，身上没有任何防护设备。经过200多个昼夜奋战，投入5000多吨钢材，浇注了36万吨混凝土，才构筑起这座“石棺”。

紧挨着围墙处有一个专门为进出禁区而建的二层小楼，楼上设有观察“石棺”的瞭望台。据介绍，来这里参观的代表团一般都是到瞭望台上看一眼“石棺”，或拍一张照片即匆匆离去。因为“石棺”周围有核辐射，通常不安排到实地参观。当然，考虑到逗留时间很短，并采取严格的防范措施，一般不会危及人体健康。在陪同人员的指导下，我们在更衣室换上洁白的衬衣、衬裤、线袜和工作服，穿上黑色棉外套和高筒套鞋，并戴上防毒口罩、白帽、手套和头盔。最后，还发给我们每人一支放射性剂量测试笔。电站工作人员一再提醒说，进入 4 号机组控制室时，要一个紧跟着一个，不许停留，不许接触任何物体。

一踏进潮湿昏暗的控制室，我仿佛一下子就屏住了呼吸。与刚才参观 3 号机组时看到的宽敞明亮的控制室大厅和令人眼花缭乱的精密仪表的景象有着天壤之别：控制台上密密麻麻的仪表都已拆得七零八落，残存的设备也尽是锈迹斑斑，油漆剥落的墙壁上还隐约可见抢险人员签名留念的字迹……可能是担心掉了队，谁也没顾得上细看，只觉得一股股阴冷的潮气迎面袭来，只听见一阵阵急促的脚步声在耳边响起。我们在里面总共也没呆上几分钟，但似觉过了好长时间。

参观结束时，电站人员认真查看了我们身上携带的测试笔，并告知一切正常，所受的辐射量只相当于在医院进行一次 X 光透视检查。大家脸上的紧张神情也都随之烟消云散了，但围绕那场核灾难的重重迷雾阴霾却还一直笼罩在人们的心头。

核事故依然是个未知数

刚来乌克兰时，外交使团中有关核污染的传闻很多，一谈起这个话题，大家都感到郁闷。切尔诺贝利核电站位于第聂伯河上游，河水遭受放射性物质污染，不能直接饮用。自由市场上的东西也不能随便采购，因为很难保证没有受污染。有的使馆还请国内专家来测试所在地区的核污染情况。

我到任不久，组织全体馆员进行体检。结果部分同志查出体内放射性物质铯含量偏高，虽然还在正常值范围内，但引起馆内某种恐慌情绪。外交部领导非常关心馆员的健康，很快派来工作小组进行慰问，并宣布采取包括每年均可回国休假等一系列预防措施。记得5年前访问摩尔多瓦时，听主人说，该国生产的干红葡萄酒有助于排出人体内的放射性物质。当年邻国乌克兰发生切尔诺贝利核泄漏事故后，摩尔多瓦人由于长期饮用此酒，奇迹般地安然无恙。经我一宣传，连平时不爱喝酒的同志也表示有兴趣尝试一下。于是，我们使馆定期派车去邻国摩尔多瓦采购解百纳干红。馆员们喝了摩尔多瓦葡萄酒后普遍反映很好。一瓶名牌干红还不到两个美元，真是物美价廉。三个月以后，我们使馆又进行了一次体检，结果全体馆员的所有核辐射指标都属正常，大家心情也都放松了。这里，恐怕也不无摩尔多瓦葡萄酒的一份功劳。

在“石棺”前合影留念后，我特意向核电站的管理人员提了两个问题。第一个问题是，1986年的那场核事故的真实原因到底是什么？对方称，当时前苏联官方宣布，这是由于电站工作人员检修时违规操作而引起的。事发后，前苏共中央下令将有关的档案、文件、照片等全部资料调往莫斯科秘密封存，至今仍未解密。第二个问题是，这种放射性污染究竟什么时候才能彻底消除？一位回答说，至少100年。另一位则表示，从自然规律看，核辐射会逐年衰减，但实际上这儿（他指了一下“石棺”）恐怕永远都是一个未知数。

2012年4月，在切尔诺贝利核电站事故26周年前夕，乌克兰总理表示，希望恢复和开发核电站周围的禁区，相信这一地区会获得重生。据透露，政府计划在那片被废弃的土地上种植油菜籽，用来生产工业生物燃料。

人类不能因噎废食

核能技术是一门深奥的高端科学。随着时代的发展，人类逐渐开发掌握并加以和平利用。核电站是利用核反应堆内原子核的可控链式裂变反应所产生的热能来发电或发电兼供热的动力设施。切尔诺贝利核事故的后果是惨重的，但人类并未因噎废食，而是从中总结汲取教训，更加注意科学、安全地运用核技术。

经过20多年的协同努力，如今的核电技术及电站运行方式日臻完善。据统计，目前世界上30多个国家和地区建有核电站，共有440多座核反应堆在运行，总净功率为40多万兆瓦。正在建造的发电反应堆有30余座。核电占世界总发电量的16%左右，预计今后这个比例还会增加。

日本核泄漏事故给和平利用核能带来致命性打击，世界核电事业再次陷入低潮。但是，核能是一种经济清洁能源。据报告，目前因利用核能发电，每年可减少约20亿吨二氧化碳的排放。安全利用核能是人类生存与社会发展的必然抉择。随着全球能源需求的快速增长以及人们对气候变化的忧虑不断加深，生产成本较低、二氧化碳排放量较少、安全性能相对较高的核能优势愈益突出。从长远看，经过一番曲折之后，核能的安全利用必将更加发展。

当务之急是，进一步完善核电技术安全系数的同时，切实加紧研究有效应对各种突发核事故的关键技术和设备，真正确保万无一失。愿切尔诺贝利和福岛核泄漏灾难警钟长鸣，让和平利用核能的事业为全人类造福！

作者小传

周晓沛，浙江乐清人。1969年毕业于北京大学俄罗斯语言文学系。1973年起在外交部工作，曾任外交部苏联东欧司苏联处处长、参赞，东欧中亚司司长，中国驻俄罗斯使馆公使，驻乌克兰、波兰、哈萨克斯坦特命全权大使。现任外交部外交政策咨询委员会委员、中国中亚友好协会副会长、外交学院兼职教授等职。著有《中苏中俄关系亲历记》等书。

揭秘中国与印尼复交

◎文并图／刘新生［前驻文莱大使］

1990年7月1日至4日，应钱其琛外长的邀请，印尼外长阿拉塔斯对中国进行了为期4天的正式访问。访问结束时，两国外长在钓鱼台国宾馆芳菲苑签署了“中国和印尼复交公报”，最终完成了恢复两国外交关系正常化的进程，上百名记者涌到现场采访了这一重要事件。整个签字仪式只不过十多分钟，可是却包含着多年来双方的艰苦努力，终于使两国关系掀开了新的一页。笔者当时作为外交部亚洲司主管印尼事务的官员，有幸参与了两国复交谈判的全过程。

1990年9月27日，中国驻印尼使馆正式开馆。从此，五星红旗在“千岛之国”首都上空重新飘扬

复交谈判出现契机

由于众所周知的原因，1967年10月31日，中、印尼双方同时撤馆，两国关系中断。有关两国的权益和事务当时分别委托罗马尼亚驻印尼使馆和柬

埔寨驻华使馆代为管理。

上世纪 70 年代初，印尼曾通过罗马尼亚等国家向中方转达改善两国关系的愿望。1978 年 4 月，印尼指定纽约为同中国谈判复交的地点。此后双方在不同场合虽有接触，但复交问题始终进展缓慢。随着国际形势的发展和中国的对外开放，两国之间的关系渐有松动，接触增多。

1988 年 4 月 7 日至 12 日，时任中国外交部副部长的刘述卿出席在印尼雅加达举行的亚太经社理事会第四十四届年会。其间，刘副外长两次会见印尼外长阿拉塔斯，明确表示，中国从不干涉别国内政，中国信守“和平共处五项原则”。中国也愿意在此基础上恢复和发展同印尼的友好关系。过去两国间发生过一些不愉快的事，已经二十多年了，老账就别算了，双方应当向前看。

1989 年 1 月 2 日，阿拉塔斯外长通过印尼驻联合国代表萨特雷纳斯纳转告中国常驻联合国代表李鹿野大使，印尼将全力促进中、印尼复交进程，政府各部门的协调已经恢复，并表示欲与钱其琛外长尽早会晤，认为等 9 月联大期间太晚了。2 月 7 日，李大使告诉萨，钱外长也希望尽早与阿拉塔斯外长会晤。并表示，钱外长将作为特使于 2 月 23 日至 25 日在日本参加天皇裕仁的葬礼，如阿拉塔斯外长也去参加，将是会晤的好机会。

2 月 23 日，钱外长在东京分别会见了印尼国务部长穆尔迪奥诺和苏哈托总统，就两国关系正常化问题进行了会谈。双方最后就实现两国关系正常化达成“三点意见”：1. 双方同意，进一步采取措施，实现关系正常化；2. 两国关系应建立在“和平共处五项原则”和“万隆会议十项原则”的基础上；3. 双方决定，通过驻联合国代表团就两国关系正常化进行具体商谈，必要时，两国外长举行会晤。

10 月 4 日，钱外长与印尼外长阿拉塔斯在联合国再次会晤，双方商定由各自外交部司级官员率领七到八人的代表团，于 11 月或 12 月在雅加达会晤，讨论两国复交的技术性问题。如有必要，可在北京举行第二次会晤，达成协议并经政府批准后，再考虑由何级别官员签署复交公报。双方还同意 10 月底前通过各自驻联合国大使交换需讨论问题的清单。经过近 20 年接触和交往的漫长历程，两国关系正常化最终步入了实质性阶段。

技术性问题谈判富有成果

经双方商定，有关中、印尼复交技术性谈判定于 1989 年 12 月 4 日至 9 日在雅加达举行。12 月 3 日，中国代表团一行 10 人，由时任外交部部长助理兼亚洲司司长的徐敦信率领途经香港，乘坐印尼“鹰记”航空公司 GA875 航班飞往雅加达。4 个多小时后，飞机平稳地降落在雅加达“苏加诺 - 哈达”国际机场。印尼代表团团长、外交部政治总司长罗哈纳培西和其他官员到机场迎接。作为二十多年来访问印尼的第一个中国官方代表团，自然引起了两国人民和世界舆论的关注。代表团一走下飞机，就被记者团团围住，人们争先恐后地提出有关两国复交前景的各种问题。

12 月 4 日，中、印尼两国代表团在“印尼旅馆”七层会议厅就两国关系正常化中的技术性问题进行首轮磋商。罗哈纳培西团长首先代表印尼政府热烈欢迎徐部长助理率团来雅加达就两国关系正常化中的技术性问题进行商谈，并预祝此次会晤取得成功。徐团长指出，在两国领导人的亲自关怀下，近年来两国友好关系得到了发展，政治接触有了增加，经贸关系取得了显著进展。

在两位团长简短致辞后，双方就事先商定的议题进行了商谈和审议，其中包括双方互为对方在本国首都开设大使馆提供方便问题；双方大使馆的人数和规模问题；两国过去签订的一些协议问题；两国间过去遗留的债务问题；旅居印尼的华侨及双重国籍问题；中国在印尼的房地产问题等。真诚的愿望是谈判成功的基础。双方在许多问题上的立场都相同或接近，对于存在的个别分歧，一俟讲明道理，双方都能谅解。原计划一周的议程，只用了 3 天就完成了。印尼外长阿拉塔斯会见中国代表团时，对双方谈判的效率和成果表示赞赏，他还幽默地说："你们也得留点事情给我们两位外长做吧！" 12月9日，双方发表了一项"联合新闻公报"。公报指出，双方是在"建设性的和诚挚友好的气氛中"进行会谈的，并对会谈结果"表示满意"。

债务问题获得圆满解决

两国关系中断前，中国向印尼提供的贷款和贸易顺差，加上这些年的利息，印尼共欠中国1.07亿瑞士法郎和1000.9万英镑。但印尼统计的所欠债务总额为9694万瑞士法郎和627万英镑。双方统计的债务差额为1060万瑞士法郎和373.9万英镑。

为查清两国之间的债务问题，两国专家小组于1990年3月23日至28日在北京进行了讨论和核对。中方代表团团长、时任外交部亚洲司副司长的张青表示，此次会谈是为两国复交铺平道路，并正式宣布中国政府接受印尼方的要求，同意按"巴黎偿还方式"（印尼与其他国家解决旧债务的一种方式）结算和偿还印尼欠中国的债务。

经过4天的核查，大部分债务已核查清楚。3月27日，双方签署了一项"会谈纪要"，其中包括：中方同意印尼方的要求，全部债务以"巴黎方式"结算，印尼方对此表示感谢；中方已将所能提供的一切必要证据交给对方，印尼方表示将根据中方提供的资料进一步核查双方尚不一致的债务。中方表示除已确认的三笔债务外，对未查清的三笔债务，将视印尼方最后核查的结果交由两国外长或政府代表解决。

为了彻底解决两国间的债务问题，两国专家小组于1990年5月21日至22日在香港举行第二次会谈，就上次会谈遗留的三笔债务问题再次进行认真讨论和核对。印尼代表团首先向中方介绍了对上次会谈中尚不一致的三笔账目的核查结果，根据中方所提供的有关资料进行了核查，但对其中一笔贷款（约2517万瑞士法郎）未查到任何凭据。中方表示，因时隔多年，中方理解印尼方核查的困难，表示不再要求印尼方归还此笔贷款。双方最后确认，印尼欠中国的债务总额为9884万瑞士法郎和812万英镑，并将按此数额结算两国间的债务。两国代表团还就两国政府“关于解决印尼欠中国债务问题的协定”文本草案交换了意见，并达成了一致意见。双方专家小组经过两轮友好协商，圆满解决了两国间的债务问题，从而使两国复交中的技术性问题谈判顺利结束。

两国复交水到渠成

印尼外长阿拉塔斯应邀于1990年7月1日抵达北京。钱其琛外长到机场迎接。由于钱外长还要迎接稍后抵京的阿尔及利亚外长，阿拉塔斯外长由徐敦信部长助理陪同前往下榻的钓鱼台国宾馆。

访问期间，江泽民总书记和李鹏总理分别会见了阿拉塔斯外长。两国外长举行了两轮会谈。根据印尼方建议，在印尼代表团抵达当日（7月1日）下午，两国外长就复交问题首先进行了“单独会谈”。阿拉塔斯外长说，去年2月东京会晤后，经过几次技术性会谈，有关两国的复交问题都已解决。关于复交时间和方式，苏哈托总统指示在年内合适的时间完成。鉴于两国50年代已建立外交关系，现在不是建交，而是重开大使馆，因此方式可简单，可互换照会。当然形式也可隆重些，以增强其重要性。为此，苏哈托总统有意邀请李鹏总理访问印尼，二者可同步实现。访问时间可在8月17日印尼独立日之前，也可在今年其他双方方便的时间。

7月3日下午，两国外长签署了复交公报和关于解决印尼所欠中国债务问题的协定。双方商定于8月8日正式恢复两国外交关系。李鹏总理届时将对印尼进行正式访问。在两国外长联合举行的记者招待会上，钱外长表示，两国外长刚刚签署的历史性文件，宣告了两国关系的恢复，实现了两国人民长久以来的共同愿望。这件大事得以实现，是由于两国领导人的远见卓识、明智决断以及阿拉塔斯外长和穆尔迪奥诺国务部长的坦诚合作精神和卓有成效的工作，相信李鹏总理不久对印尼的访问将使复交后的中、印尼友好关系充满新的活力。阿拉塔斯外长说，今天我们所取得的重大进展预示着两国关系将揭开新的一页，两国复交不仅符合两国人民利益，而且将对亚洲地区的和平与稳定做出重大贡献。他还说，我们这次迈出了重要的一步，李鹏总理即将对印尼的访问将是历史性的，定将把两国关系推向高峰。

阿拉塔斯外长成功访华为两国复交谈判画上了一个圆满句号。正如江泽民总书记在会见阿拉塔斯外长时所说："笼罩在两国上空长达 23 年之久的乌云已经过去，晴天已经来临。"中、印尼两国友好关系将从此揭开一个新的篇章。

历史性的时刻

1990 年 8 月 6 日，应苏哈托总统邀请，为庆贺中国与印尼正式复交，李鹏总理前往世界上最大的"千岛之国"进行了为期 5 天的正式访问。

签字仪式后，作者（右一）与阿拉塔斯外长（右二）和穆尔迪奥诺国务部长亲切交谈，共祝两国正式复交

8 月 8 日上午 9 时刚过，来自中国、印尼以及亚洲和欧美各地的百余名记者就云集在印尼独立宫的周围。这座象征印尼民族独立与国家尊严的白色建筑物是总统府所在地。这几天，印尼独立宫披上了节日的盛装，绿荫环抱，草坪翠绿，花卉争妍，一派喜庆气氛，像在期待一件重大事件的发生。9 时 50 分，李鹏总理在阿拉塔斯外长陪同下，从国宾馆沿着花园的幽径徐步走向独立宫。接着，苏哈托总统和李鹏总理出现在独立宫富丽堂皇的一层签字大厅。大厅正面悬挂着印尼国徽，硕大的水晶吊灯照得满堂生辉。红色屏

风前面放着两张华丽的签字台和两把精致的椅子。

10时整，两国领导人在屏风前站定。钱其琛外长和郑拓彬经贸部长，阿拉塔斯外长和穆尔迪奥诺国务部长两侧静立。两国其他高级官员两厢排开。全场静寂几秒钟后，总统府礼宾官宣告签字仪式开始。

钱外长和阿拉塔斯外长分别在签字台前坐定，面对桌上的各自国旗，定神后提笔在《中华人民共和国政府和印度尼西亚共和国政府关于恢复外交关系的谅解备忘录》上签字。就在这几秒钟的历史时刻，在场采访的电视及摄影记者们按动快门，记录下这一令人激动的场景。

签字仪式结束后，两国外长上前交叉地与对方国家领导人握手。李鹏总理和苏哈托总统欣喜地握住对方的手，久久不放。苏哈托总统请李鹏总理及参加仪式的双方各两名部长当场合影留念。分站两侧的双方官员们也主动上前与对方握手欢谈，共享复交的喜悦。然后，苏哈托总统和李鹏总理到后厅会客室交谈。李鹏总理说："刚才我们完成了一项重要任务。从现在开始，我们两国进入一个正常友好发展的新时期。两国外长选择了一个好日子8月8日。按照中国一些地区的习俗，这是一个吉利的日子。"苏哈托总统说："这是一个具有重要意义的时刻。8月8日这个日子很好记，每年8月17日是印尼共和国独立的日子，印尼人民都要庆祝。在这个节日的前9天复交，很有意义。"

结束过去，开辟未来，两国关系的前景正像一首中国民间诗歌所说的那样，春梅已著一枝，繁花盛开的时节已经不远了。

奉命半月内完成开馆和国庆招待会事宜

作为外交官要具备扎实的调研功力和善于交友，我在印尼工作期间的一段经历，至今仍记忆犹新。

1990年8月，中、印尼复交后，我有幸被任命为中国驻印尼使馆临时代办，并让我带领一个先遣组赴印尼筹建使馆。9月中旬离京赴任前，外交部领导向我交代了两项“政治任务”，一是抵达印尼之后，要设法尽快开馆，正式对外办公；二是要举办41周年国庆招待会。当时，我向有关领导表示，我将尽力去完成。但心里还是在嘀咕，要在半个月短短时间内，既要开馆，又要搞国庆招待会，任务确实艰巨。抵达印尼后，我向先遣组7名同志传达了这两项“政治任务”，并研究了具体落实办法。按照部领导国庆招待会“小型、双边、官方”的有关指示，我约见了印尼外交部主管官员，请他们予以协助。印尼外交部主管官员当即表示，“请代办先生放心，外交部将全力协助大使馆筹办国庆招待会”。先遣组7名同志在筹备有关开馆事宜的同时，全力以赴准备国庆招待会。国庆招待会日期定为10月2日晚7时。

大约在招待会开始15分钟后，印尼外交部礼宾司卡达里斯曼总司长通知我，穆尔迪奥诺国务部长要来出席招待会。

共话北京亚运盛会

1989年2月23日，钱其琛外长在东京出席日本天皇葬礼期间曾会晤过穆尔迪奥诺。会晤后，钱外长和穆尔迪奥诺部长曾共同会见记者，就中、印尼两国关系正常化问题发表了“三点意见”。此次会晤意味着两国关系正常化进程的开始。卡达里斯曼总司长还告诉我，穆尔迪奥诺部长有“两个特点”，一是他除陪同苏哈托总统出访外，本人很少出国访问；二是他很少出席外国使团的国庆招待会这类社交活动，今天部长亲临中国大使馆国庆招待会是个“例外”。

我一见到穆尔迪奥诺部长，首先转达了钱外长对他的问候，并感谢他为实现两国关系正常化所作出的积极贡献。我说，部长阁下是两国关系正常化的开路先锋。他谦虚地说，决策者是苏哈托总统，他只不过是做些具体工作。他还愉快地向我叙述了他同钱外长“东京会晤”的一些情景，并一定要我转达他对钱外长的问候。接着，他向我询问了正在北京举行的第十一届亚运会一些赛事情况，并说，10 月 4 日和 5 日将要举行网球女双和混双决赛，他是印尼全国网球协会主席，他要赶到北京，为印尼运动员助威。由于时间和航班关系，他决定 10 月 4 日绕道东京去北京，而且下飞机后，从机场直接去比赛场地，观看女双和混双两场决赛。我当即表示欢迎部长阁下去北京观看比赛，并允将此事立即报告国内有关部门（事后得知，女双和混双两项金牌均为印尼运动员摘取）。

网球以外，收获友谊

1990 年 10 月 8 日，穆尔迪奥诺部长秘书打电话给使馆说，国务部长下午 4 点要见中国代办。我和一名助手应约按时抵达国务秘书处，部长秘书已在楼下门口迎候我们，稍事寒暄后将我们领到一会客厅等候部长接见。我刚刚坐下，穆尔迪奥诺部长就畅谈他不久前的“北京之行”，他说，在北京停留两天时间里受到中方的热情、友好和周到的接待，给他留下了美好的回忆。

我首先祝贺他凯旋，然后我问他“本届亚运会冠军是谁？”他不假思索地回答说：“中国是当之无愧的冠军！”我说：“谢谢阁下，不过，我认为本届亚运会的‘绝对冠军’是部长阁下。你看，阁下在北京停了两天，印尼网球队就拿了两块金牌，如果部长阁下在北京多停留几天，印尼代表队的金牌数目岂不是会成倍增加。”他听后哈哈大笑。

接着，穆尔迪奥诺部长将话题转到苏哈托总统访华问题上，他说，苏哈托总统已愉快接受杨尚昆主席和李鹏总理的邀请，决定于 1990 年 11 月中旬对中国进行国事访问。我当即表示，苏哈托总统访华是两国关系中的一件大事，相信总统访华将会进一步促进中国和印尼友好关系的发展。由于我们是用印尼语直接交谈，因而气氛十分融洽，不知不觉会见已持续了 45 分钟，我起身告辞，并感谢他在百忙之中接见我。在话别时，他紧紧握住我的双手说，在筹建使馆过程中如有困难，可随时打电话找他。我对他的好意再次表示感谢。从此，我们成了好朋友，至今双方还保持着联系。

作者小传

刘新生，江苏省宝应县人。曾就读于北京外国语学院（今北京外国语大学）英文系和北京大学东语系印尼语专业，并赴印尼大学文学院留学进修。1961 年进入外交部，长期分管东南亚事务。其间，曾先后被派往中国驻印尼、印度和菲律宾使馆工作。1990 至 1993 年任中国驻印尼使馆政务参赞，1994 至 1998 年任中国首任常驻文莱大使。现为“中国—文莱友好协会”副会长、“中国人民对外友好协会”理事、“中国—东盟协会”理事、“中国国际问题研究基金会”研究员。出版过《天堂秘境——文莱》和《赤道上的翡翠——印度尼西亚》等著作。

沈阳前市长以色列遇难记

◎文并图 / 陈来元［前驻莱索托和驻纳米比亚大使］

我在中国驻以色列大使馆任政务参赞时，曾遇到一起沈阳前市长武迪生殉难以色列的突发事件。

直升机坠毁，武市长殉难

1993 年 11 月 24 日早晨，我刚走进大使馆办公室就听到电话铃声响了起来。我拿起话筒，电话里立即传来了以色列外交部东北亚司主管中国事务的

1995 年，陈来元参赞在以中友谊协会举行的文化交流活动上发表讲话。右为该协会主席考夫曼

一等秘书伊丽特女士熟悉而又有些异常的声音："参赞先生吗？ 我是伊丽特。现在，我向中国大使馆通报一条十分不幸的消息，沈阳市长武迪生和他的助手张力女士不幸殉难了。"

我知道，当时武迪生市长正率领沈阳市政府代表团访问以色列，说他和张力女士死亡的消息是真的吗？我听后简直不相信自己的耳朵，怕听错了，故请伊丽特女士把到底发生了什么事情说清楚。她接着说："今日天亮前，武市长和张力二人乘以色列一家企业的直升机去马萨达山看日出（此处是以色列看日出最佳的地方），飞机上还有这家公司的总经理和以方导游，连同驾驶员一共 5 人。直升机在飞抵马萨达山前坠毁，机上 5 人无一生还。"停了停，伊丽特又说："这是到目前为止，以色列外交部所掌握的全部情况。"

我的天！这噩耗来得太突然了。头天晚上，我们使馆林真大使为沈阳市政府代表团访问以色列举行欢迎宴会，武市长和沈阳市经济开发区副主任张力女士还谈笑风生、生龙活虎的，并频频举杯感谢大使馆对沈阳市政府代表团访问以色列的支持和帮助，感谢林大使的热情款待。怎么第二天一早他们竟随直升机掉下来摔死了呢？

沈阳市政府代表团一行 5 人是应以色列拉马特甘市政府的邀请访问以色列的。在代表团访问以色列期间，武市长曾与以色列一家公司就该公司去沈阳经济开发区投资事宜进行了商谈，但双方仍有几个问题没有谈妥。武市长与对方公司总经理都想继续谈，以便双方最终达成合作协议。但由于拉马特甘市政府安排的访问日程已排满，无时间再谈下去。于是，该公司总经理就想了个办法，邀请武市长于 24 日黎明时分乘公司的直升机飞马萨达山看日出，借此在往返途中就双方合作未尽事宜进一步商谈并加以落实，从而促成双方签约，实现合作。武市长也觉得这是一次难得的机会，便接受了对方的意见。张力女士是主管沈阳市经济开发区事务的官员，故随机陪同前往，并兼任翻译。由于这次活动是 23 日林大使晚宴后才临时确定的，同时考虑到从马萨达山飞回后，不会影响到代表团参加当日上午拉马特甘市政府为他们安排的活动，故代表团就没有向市政府打招呼，也没有告诉大使馆。万万没有想到竟出了人命关天的大事！

大使馆处理类似空难是头一回

我将伊丽特和沈阳外办负责人讲的情况立即向林真大使作了汇报。林大使听后也是一脸的惊愕。林大使与我简单商量后，提出了如下行动方案：一是由我立即打电话向中国外交部西亚北非司将空难事件先作一个口头汇报。二是成立一个由林大使任组长的、包括我和经商处李世芳参赞等同志在内的空难善后处理小组。三是立即安排使馆人员去出事地点了解情况，并拍照、摄像。四是由林大使和我与沈阳市政府代表团剩下的3名同志一道，分头约见以色列外交部和拉马特甘市政府的有关官员，就如何处理善后问题与对方进行交涉，同时了解驻在国对处理这类事件的有关规定和通常做法。五是在以色列方面和中方对空难做好现场拍摄和对有关情况进行核实、鉴定后，迅速将遗体运到特拉维夫殡仪馆冷冻起来。六是于当日写一份报告，将空难事件的有关情况和使馆临时处理措施报告国内。七是在对空难情况作进一步了解、核实，特别是在了解了以色列方面对处理这类事件的有关法律规定、通常做法及以色列外交部、拉马特甘市政府的基本态度后，于第二天再向国内书面报告一次，并提出使馆对处理这次空难事件的建议，请国内指示。

在林大使和我分别会见了以色列外交部和拉马特甘市的有关官员后，我着手起草向国内提出处理空难问题建议的第二份报告，以供国内决策作参考。为写这份建议，林大使和使馆空难善后处理小组的成员都很费了一番脑筋。

难在哪里呢？大使馆处理这类空难事件是头一回，谁也没有经验还是其次，主要难在沈阳方面与以色列方面在处理空难问题的认识上存在很大分歧。大使馆从沈阳方面获得的信息是，武市长、张力是应以色列官方邀请访问以色列的，如今他们死在以色列，不管死因是什么，以色列政府都要承担一切责任。而从林大使和我分别与以色列有关方面交涉的情况以及我们使馆向多位当地律师咨询的情况看，意见则是不同的。根据以色列法律，以色列方面无论是中央政府还是邀请和接待沈阳市政府代表团的拉马特甘市地方政府，都不对此次空难负责，当然不能承担包括经济赔偿在内的一切责任。死难者家属要求的经济赔偿，应当在当地请律师向失事直升机的保险公司提出，并根据有关保险条款处理索赔事宜。但以色列中央和地方两级政府从两国友好关系及对遇难者的深切同情出发，将尽一切努力协助中方妥善处理好善后事宜。

积极研究索赔问题，为善后处理做准备

大使馆据此向国内提出了对处理这次空难事件的如下建议（大意）：一是力促以色列中央和地方两级政府在可能情况下尽最大努力协助中方和死难者家属，妥善处理好有关善后事宜。二是鉴于以色列是三权分立的国家，在处理空难这一问题上，中方应尊重空难发生国的法律、法规和国际惯例，而不宜坚持要求对方以行政代替司法。三是由死者家属在以色列聘请律师，大使馆大力协助，向有关保险公司索赔，切实处理好赔偿问题。四是考虑到犹太人死后均实行土葬，以色列没有火葬设施，如应沈阳方面要求，国内同意将他和张力的遗体运回沈阳，大使馆将全力协助。总而言之，这次空难事件一定要处理好，赔偿问题一定要妥善解决，并通过处理这次空难事件，促进两国业已存在的友好合作关系的进一步发展，而决不能因处理欠当影响两国关系。

这份报告发出后，国内很快来了批复，原则同意使馆的建议方案。使馆心中有了底，接下来就是如何做沈阳市政府赴以色列空难善后处理小组和死者家属的工作了。

为了较顺利地做沈阳方面的工作，在沈阳市赴以色列空难善后处理小组和死难者家属到达以色列前，我又按林大使指示，抓紧时间对通过法律程序

向有关保险公司索赔等问题做了大量调查研究。

在研究索赔问题的有关规定、做法之余，我又去殡仪馆，了解将遗体运回中国的有关规定和具体做法。

启动法律程序处理空难

沈阳市派出了以艾廷雋副市长为组长的赴以色列空难善后处理小组来到以色列。大使馆做的第一件事就是由我带艾副市长等沈阳市政府的官员到殡仪馆去查看尸体。沈阳方面本来打算市政府官员和死者家属一同去，但我考虑到两具尸体被烧成了两团黑炭，惨不忍睹，担心家属看了受刺激太大，接受不了，便建议使馆和沈阳方面先沟通一下，再做定夺。艾副市长听了使馆的意见后，觉得不无道理，于是耐心做家属工作，没有安排他们去殡仪馆。第二件事就是破例请沈阳市政府的官员直接阅读，而不是向他们传达国内对处理空难问题所作的指示，让他们了解国内确定的处理方针和原则，以便他们遵照执行。第三件事就是由林大使代表大使馆空难善后处理小组向沈阳空难善后处理小组介绍中以两国传统友谊和友好合作关系，介绍以色列的有关法律、规定，介绍大使馆为处理空难事件所做的工作、使馆了解到的处理索赔的原则、规定和有关做法，以及运回遗体的有关规定和做法等一系列情况。最后，林大使表示大使馆将全力协助沈阳小组和遇难者家属处理好一应善后事宜，同时希望沈阳小组多做死者家属的工作，劝说他们按国内的指示精神善加处理。

但沈阳小组开始时仍坚持要求以色列官方以行政代替司法，依然强调武市长是以色列地方政府请来的客人，他和张力死在以色列，以色列政府、官方理所当然地应承担一切责任，并负责处理一切善后。后经使馆耐心做工作，沈阳小组的思想观念逐渐改变过来，并积极做死者家属的工作，终于启动法律程序处理索赔等一系列善后工作。

在此情况下，使馆受武市长和张力家属委托，请出使馆常年聘用的当地律师迪纳里代理索赔等善后事宜。不久，大使馆得到国内有关部门的通知，批准将武市长和张力的遗体用飞机运回国内。

由于飞机运送遗体有严格的规定和技术要求，运尸前做准备需要一定时间，沈阳小组在以色列已经待了9天，不便久等遗体运回后再回国，故委托大使馆代为办理一切事宜。

空难事件最终获得妥善解决

沈阳小组和死者家属离开以色列后没有几天，运送遗体的工作正式启动。根据以色列运尸有关规定，遗体在殡仪馆入殓前必须有死者家属在现场查验、监督，并办理有关入殓手续。鉴于死者家属已离开以色列，林大使便派我以死者家属委托人的名义到殡仪馆，代理家属查验遗体，监督入殓。于是我第三次去殡仪馆。

殡仪馆负责人和有关工作人员首先让我确认被装在两只透明密封睡袋里的武市长和张力的遗体，又让我仔细检查遗体消毒和睡袋密封情况。我表示确认后，殡仪馆工作人员立即将两具遗体分别装入两具棺木内，再合上棺盖。接着，工作人员交给我一把铁锤，要我将虚插在两具棺木盖上靠前的两枚长铁钉分别钉入棺木，以表示死者家属同意盖棺钉钉。在我给两具棺木各钉下第一枚钉子后，工作人员随即钉下虚插在棺木盖上的所有的钉子，再围绕棺材盖和棺木之间的缝隙贴上封条。最后，工作人员又让我在封条和运尸单上签字。做完这一切后，工作人员将两具棺木抬到停在室外的运尸车上，然后送往以色列特拉维夫国际机场。据说，两具棺木先后运抵北京和沈阳时，沈阳市和有关方面分别举行了隆重的迎灵仪式。

后来，在处理索赔过程中，为使死者家属尽快获得最大数额的赔偿，我又在使馆律师迪纳里的指导下，协助沈阳方面做了大量工作。通过鉴定，认定直升机失事与机械故障有一定关系，故索赔问题既可以在以色列，也可以在美国处理。于是，武市长家属和张力家属通过迪纳里律师分别在以色列和美国申请索赔。最后，两家家属均分别从以色列和美国得到了比较满意的经济赔偿，使这起空难事件最终获得了妥善解决。

我同阿根廷总统一起过春节

◎文并图 / 徐贻聪［前驻厄瓜多尔、古巴、阿根廷大使］

2000 年的除夕夜，我是在阿根廷同时任总统德拉鲁阿夫妇一起度过的。对此我至今还留有深刻、愉快的回忆。

2 月 4 日晚，刚刚上任不到两个月的德拉鲁阿总统偕夫人佩尔蒂内女士和外交部长贾瓦里尼夫妇等来到中国驻阿根廷使馆，与全体馆员共度中国人民的传统节日，并代表阿根廷政府和人民向中国政府和人民拜年。关于他们对中国人民的这个友好举动，阿根廷国家通讯社、四家电视台和一些报刊进行了广泛报道，引起了阿各界及驻阿外交使团的广泛关注，反响异常热烈。

2000 年 9 月，阿根廷总统德拉鲁阿与夫人游览长城

通过朋友邀请新任总统共度中国年

说起来，这次活动的筹划和组织，还真带有相当的偶然性。

2000年1月8日，元旦刚过后的一个星期天，我和夫人徐丽丽应原阿根廷驻华使馆公使衔参赞普埃伊雷东夫妇之约，到阿根廷企业家维克多·加西亚在布宜诺斯艾利斯郊外的乡村别墅共度周末。加西亚先生是中国多年的老朋友，但我却从未与他晤过面。寒暄后，加西亚先生率直地告诉我，德拉鲁阿总统是他的邻居，而且过从甚密。德拉鲁阿总统听说你要来，很想过来见见你，因为他认识你，对你的印象很好，遗憾的是他今天早晨乘直升机到马德普拉塔去完成公务了。不过，你可以找个由头，请他到你家里去，他一定会去的。我可以帮助你和他联系。我和加西亚先生是初次相遇，对他的话半信半疑，仅仅作了一般感谢的表示，未作深谈，但把他的好意留在了心里。

回到使馆后，我认真考虑了加西亚先生的建议，认为确有可利用之处，且即便不成，也不会产生任何消极影响。第二天，我给加西亚打了个电话，感谢他对我们的盛情款待，同时就可否邀请德拉鲁阿总统来馆欢度即将到来的中国春节征询他的意见。加西亚先生当即对我的想法表示赞赏，并建议我起草一份书面邀请，说明缘由，信由他去转交。我怀着试试看的心态，立即按照加西亚的意见以个人的名义写了一封信，传真给了他。谁想到，仅隔了两天，加西亚就在电话中告诉我，德拉鲁阿总统对这件事开了绿灯，原则表示接受，但需要我尽快找到总统府和外交部的礼宾负责人。因为这样的事情还需要通过官方渠道来正式办理一下，等于走个流程。

1月18日，我按照加西亚先生的建议，专程去拜访了外交部礼宾司长塔博阿达，带去了给德拉鲁阿总统邀请信的抄件，请他提供协助。2月1日，塔博阿达刚刚陪同德拉鲁阿总统访问欧洲回到首都，马上给我打来电话，通知我德拉鲁阿总统决定接受邀请，去中国使馆与馆员共度中国新年。2月2日傍晚，塔博阿达在两个小时内又先后给我打来三次电话，分别通知我说，德拉鲁阿总统的夫人、外交部长贾瓦里尼及夫人等将陪同总统来馆。此时此刻，我对德拉鲁阿总统是否能接受邀请而一直悬着的心才真正安定下来。

积极筹备接待工作，做到无可挑剔

从得到德拉鲁阿总统给予原则认可的消息时起，我就在考虑如何接待和体现特色的问题，以既能够保证活动的万无一失，又能体现出鲜明的特点。在几次办公会上，我向大家通报了情况，并提出“认真对待，积极筹备，周到热情，精打细算”的筹备要求，还强调准备工作要以我为主，力求体现中国人的风采和热情，以使客人增加对我们的了解，留下好的印象。

2月2日晚上8点40分，塔博阿达司长、贾瓦里尼外长和夫人先后抵达。他们分别协助我们检查了场地和位置安排，认为我们的布置准确无误，毫无挑剔之处。他们还表示，既然阿根廷国家新闻社已经发布了德拉鲁阿总统将来中国使馆做客的消息，只要中国使馆不反对，在使馆院外等待的电视台和报社的记者都可以进入活动场地。对我来说，在阿根廷媒体很少报道中国的情况下，能有记者前来进行报道，当然是求之不得的事情。我欣然告诉他们，记者们进入场地对我绝无不便，一切听候阿方的安排。还在我们协商过程中，记者们已经蜂拥而入，各自挤占有利位置，弄得塔博阿达司长不无幽默地警告他们说，你们不要把总统和夫人的位置都占了，还要给徐大使和夫人留下欢迎总统的地方啊！

说话之间，警卫人员告诉我，总统的座车已经接近使馆大门。我下意识地看了看表：离晚上9点还差两分钟。在阿根廷两年，深知人们特别是大人物不守时的习惯，德拉鲁阿总统的准时到达，倒令我有点惊诧了。突然，摄影记者的灯光全部亮了起来，徐徐驶来的是一辆极为普通的“标致”牌汽车。德拉鲁阿总统和夫人就从这辆车里走下来，和蔼可亲地同我及徐丽丽握手，并亲了我们的两边面颊，向我们祝贺新年。我和夫人陪同他们从穿着节日盛装、列队迎候的四十几位馆员前面走过，不时地作些介绍。几位不同层次的外交官作为代表，分别将我精心挑选的“邓小平外交风采”画册、周恩来总理诞生100周年的纪念邮票、中国古钱币等纪念品送给他，以示对他的敬意。

德拉鲁阿总统和每个人亲切握手，还不时地拍拍一些年轻人的肩头。走到两位厨师面前时，我告诉客人，今晚我们要吃的饭就是他们准备的。德拉鲁阿总统立即站到他们俩人中间，搂着他们的肩膀，高兴地请记者们为他们留影。

总统首次在使馆签署国家级文件

在与全体馆员握手、寒暄并听取了我的简短欢迎辞后，德拉鲁阿总统发表了即席讲话。他对有机会和中国使馆的成员欢度中国重要节日感到高兴，并代表阿根廷政府和人民向中国政府和人民拜年，祝愿伟大的中国继续取得成功。

也就是在这个时候，塔博阿达司长递给他致江泽民主席的邀请函稿。德拉鲁阿总统接过信稿，当即在上面签上名并递交给我，希望我尽快转交。他还说，请转告江主席，我欢迎并希望他早日来访。塔博阿达司长则告诉我，这是阿根廷总统第一次在一个外国使馆签署一件带有政令性质的国家级文件，可以看出他对中国关系的重视程度。

在餐桌上，我们为客人们准备了带有春节特点的饭菜。关于中阿双边关系发展情况的相互评说，伴随着中国农历年的由来及风俗习惯的介绍，不时在宴会厅里引发出阵阵欢快、爽朗的笑声。饭前专为客人们燃放的组组中国烟花，也成为双方探讨是否有合作可能的话题。

不知不觉之间，原定的一个半小时的逗留时间被延长了整整一个小时。在我们走出使馆大门时，看见院外大街上站满阿根廷人。他们呼喊着“德拉鲁阿、德拉鲁阿”的名字，热情地鼓着掌。德拉鲁阿总统在贾瓦里尼外长陪同下，走向自发聚集在那里的人群，同他们握手、亲面，气氛十分热烈。不少邻居对我说，你能把我们的总统请来，而且让我们也有机会向他问候，真该感谢你。

贾瓦里尼外长私下对我说，德拉鲁阿总统好多时候没有像今天这样高兴过了，你的这次活动非常成功，将会对今后的阿中关系产生非常积极的影响。我向你祝贺。

春节年年过，含义不尽同。于我而言，这个春节的意义应该确实非同一般。

作者小传

徐贻聪，1938 年 10 月生于江苏淮阴。1958 年 9 月从淮阴中学考入北京外国语学院西班牙语系，1963 年 3 月进入外交部工作。曾任外交部美大司科员、拉美司副司长及中国驻厄瓜多尔、古巴、阿根廷大使。

震惊中外的巴西“中国九人案”

◎文并图 / 朱祥忠［前驻秘鲁、智利大使］

1964年3月31日凌晨，巴西里约热内卢市突然枪声四起，市民们从梦中惊醒。巴西猩猩派军人在美国的策划下发动了军事政变，推翻了具有独立倾向、主张同中国发展关系的古拉特总统领导的合法政府，以布兰科为首的亲美军人上台执政。一夜之间巴西处于白色恐怖之中，军警到处抓人，当时在巴西工作的九名中国人亦被政变当局逮捕，从而制造了震惊中外的持续一年之久的“中国九人案”。

当时我在外交部美澳司工作，参与了此事，有机会了解这一事件发展的全过程。

从事友好工作却身陷囹圄

20世纪60年代初期，在古巴革命的影响下，拉丁美洲人民反美、反独裁统治的斗争开始高涨，对巴西也产生较大的影响。时任巴西总统的夸德罗斯指派副总统古拉特于1961年8月访华。这是有史以来访华的第一位巴西国家领导人，又是在双方无外交关系的情况下来访，引起各方高度关注。毛泽东、刘少奇、周恩来、董必武等我国主要领导人，分别同古拉特举行会见或会谈，双方就发展中巴友好关系深入地交换了意见，并取得了广泛的共识。但就在此时，夸德罗斯总统在亲美右翼势力的压力下被迫辞职。古拉特根据宪法规定，回国后继任巴西总统。

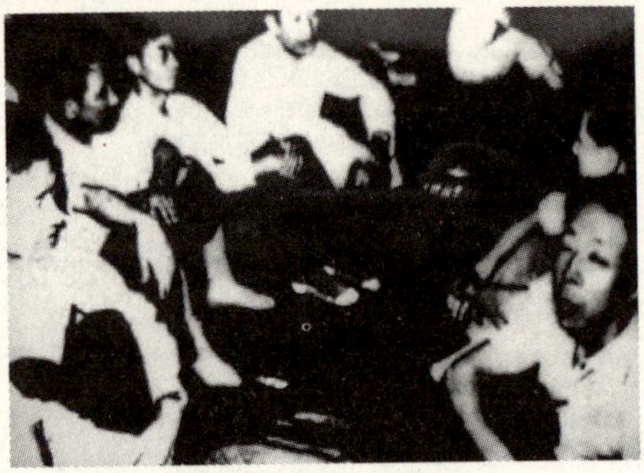
我九位同志在巴西狱中

古拉特就任总统后，继续推动中巴关系的发展，双方经贸和文化往来增加。根据双方达成的协议，中方先后派驻巴西的工作人员有：新华社记者王唯真和鞠庆东，赴巴西经济贸易展览筹备小组组长侯法曾和工作人员王治、苏子平、张宝生，中国国际贸易促进会赴巴西贸易小组组长王耀庭和工作人员马耀增、宋贵宝，共九人。他们为发展两国友好合作关系积极开展工作，得到巴西人民的普遍好评，但反华势力对此很不高兴。

1964 年 4 月 2 日晚，巴西军警突然包围了位于里约热内卢市维尔盖鲁大街的新华分社的公寓。当时住在这里的除新华社两位记者外，还有马耀增和苏子平等四人。军警们急促地撞击着大门，吼叫着要他们快点开门。情况紧急，新华分社负责人王唯真等机警地商定，绝不能被军警在深夜秘密绑架。他们一边与军警周旋，一边立即将这一情况通知了住在该市另一地方的王耀庭等五人和一些巴西朋友。4 月 3 日凌晨 5 时许，天蒙蒙亮，军警手持冲锋枪和警棍破门而入，经过仔细搜查，军警们没有发现任何能说明这些中国人有罪的证据。但仍将住在这里的四名中国人锁上手铐押往警察局。王唯真当时提出了强烈抗议，说明他们是应巴西政府邀请来这里工作的。当时军警用枪托把他打得昏了过去。同一天，住在另一处的王耀庭等五名中国人也被带到警察局。九名中国人被投入同一个监狱。一场罕见的国际政治迫害案件就这样开始了。

全力营救行动和狱中坚贞不屈的斗争

事件发生后，中国政府立即展开了营救行动。4月4日，在中国和巴西没有外交关系的情况下，中国外交部负责人紧急约见了巴基斯坦和印度尼西亚驻华大使，请他们向其国内转达中国政府的请求：请上述两国驻巴西大使馆代向巴西当局查询中国在巴上述九人情况。同时，对外贸易部也委托中国人民银行致电同其有业务往来的巴西银行了解中方人员情况。波兰政府也伸出了友谊之手，为营救我九位同志做了大量工作。

4月5日，中国外交部再次紧急约见巴基斯坦和印度尼西亚驻华大使，请他们以受中国外交部委托的名义，向巴西外交部提出交涉，表示九名中国人都是得到巴西政府同意，并按巴西政府规定的手续进入巴西居留的。他们在巴西进行的各自业务活动都是正当的和合法的。要求巴方对他们的人身安全和合法权益予以保护，以便他们能够恢复自己的业务活动。

但巴西当局不顾中国政府的严正交涉，在阴森的监狱中，继而对我九位同志施加各种毒刑。他们用橡皮钢筋警棍拷打王唯真和鞠庆东等人。我同志被打得鼻青脸肿，满身伤痕。他们还野蛮地把九人衣服扒光，让其一丝不挂地站立着，有的被罚站达13个小时之久。在敌人的强暴下，我九位同志正义凛然，坚贞不屈，表现出了大无畏的勇敢精神。

中国外交部于4月12日和14日又先后两次发表声明，向巴西当局提出严正抗议，要求巴西当局立即无条件予以释放九名中国人员。

巴西当局对中方要求不予置理，并开动一切宣传机器，污蔑九位中国人是古拉特试图在巴西推行共产主义的“政治顾问”，进行“间谍活动”，“煽动叛乱”。他们把从九人住处搜查来的仁丹和清凉油等随身备用的中成药品，说成是“用于谋害巴西政治家的毒药”，将新华社散发的我国古代火箭图片说成是“中国在巴西训练游击队企图推翻巴西现行制度的武器”。他们还把我九位同志带到电视直播室，当面展示上述的所谓“证据”。这时，能说一口流利的葡萄牙语的张宝生同志，机智地利用这一极好机会，通过电视向巴西广大观众揭穿了巴西当局制造假证据，对我九人进行政治迫害的阴谋，并说明九位中国人是为发展中巴友好关系而来，是清白无辜的。这一举动使巴西当局始料未及，狼狈不堪。

美蒋特务还对我九位同志进行策反活动。我九同志向巴西军警发表了抗议声明，并宣布进行绝食斗争。绝食前他们一致高高地举起拳头愤怒高呼："坚决反对政治迫害，坚决反对绑架阴谋，头可断，志不可夺！"他们还有意设法把这一消息通过巴西难友和狱中工作人员传出监狱，引起当地和驻巴西的各国记者的注意，他们纷纷赶到监狱进行采访报道，社会舆论哗然，赢得广泛的同情和支持，对巴西当局形成了很大的压力。敌人又企图用金钱和美女进行诱惑，同样遭到我同志的严词痛斥。

法庭上的较量和"正义先生"平托律师

1964 年 10 月 12 日，巴西军事法庭以九名中国人在巴西进行所谓"间谍和颠覆"活动为由，正式开庭审理。我九位同志刮净脸上长长的胡须，梳理了杂乱的头发，穿着整洁的衣服，昂首挺胸走上法庭。但军事法庭不让他们自我辩护，只能委托律师辩护。

我国有关部门曾聘请两名美国著名律师为我九名同志辩护，但遭到巴西当局拒绝。这时年已 72 岁高龄的被称为"正义先生"的巴西著名大律师平托，挺身而出，担当起为九名中国人辩护的重任。在那个时候，为"共产党中国"派来的人进行辩护是要冒很大风险的。但平托律师不畏强暴，根据我九位同志提供的 10 万多字的说明事实真相的材料，写出了长达 51 页的辩护词，提出了 182 项无可辩驳的事实和论据，证明九名中国人是在巴西政府同意下合法进入和留驻巴西的，他们在巴西进行有关贸易、筹备展览和新闻报道的业务活动都是光明磊落的，九名中国人是清白无辜的，要求法庭立即宣布他们无罪，予以释放。但巴西检方又以在我同志被捕35天后搜出的一把无声手枪作为“颠覆”活动的证据，坚持要求对我九人各判23年徒刑。平托律师反唇相讥：“一个月后你们搜出了手枪，再过些时候，你们还可以搜出机关枪、大炮和原子弹。”话音一落，引起旁听者哄堂大笑。另外，17名巴西人士，其中包括多名国会议员和政府高级官员出庭，证明九名中国人无罪。巴西前总统夸德罗斯还写了书面材料，证明九名中国人是他担任总统时批准他们来巴西从事新闻、贸易和筹备经济展览等业务活动的，并表示，必要时他可以出庭作证。

这时，我九位同志进行了第二次绝食斗争，并写下了给家属的遗书和给祖国的诀别信。在信中，他们对祖国表示了无限的忠诚和热爱，对能为祖国献身而感到自豪。后来巴西当局再次伪造了所谓的“调查报告”。又要开庭了，我九位同志为了准备上法庭斗争，决定暂停绝食。由懂葡语的张宝生和鞠庆东同志以审判者的姿态写出了金石般的声明，证明自己无罪，一份交给军事法官，四份交给律师，一份留存。共经过七次法庭的斗争和较量，检察官拿不出任何站得住脚的证据。

最后，法庭不得不宣布“间谍”罪名不能成立，而仍以“颠覆”罪对我九人判刑，一律判以10年徒刑。对此，我九同志当即发表声明，指出这是新的政治迫害，表示强烈抗议！平托律师表示：“我要向全世界宣告，九名中国人是清白无辜的，他们是政治偏见的受害者。”

中国政府也于1964年12月23日发表声明，对巴西当局非法无理的判决提出强烈抗议。

为抗议巴西当局的无理判决，我九位同志决定进行第三次绝食斗争。平托律师闻讯后立即赶到监狱看望他们。张宝生拿出一封还没有来得及翻成外文由九人签名写给他的中文信，用葡语读给他听：“我们决定绝食，是为了维护我们祖国的尊严和荣誉，我们中国人绝不容忍巴西当局任意摆布。如果我们牺牲了，请向全世界公布真相，感谢你为我们所做的努力。”这位经办过无数重要案件的大律师，听完信后，眼泪夺眶而出，一再劝我们同志要珍惜自己。

正义战胜邪恶，九同志回到祖国怀抱

九人案是新中国成立后在拉美发生的最重要的涉外事件之一，在国际上产生巨大影响。这一事件还涉及对美和对台斗争问题，十分复杂。因此，中央领导对此高度重视。毛泽东主席得知这一消息后气愤地说："岂有此理，要跟他们针锋相对地斗！"当即决定由周恩来总理亲自挂帅、陈毅外长和廖承志外办副主任直接领导，外交部牵头，协助有关部门，多方组织营救工作。为此，先后召开了各种形式的大小会议400多次，发表各种声明和文章数百篇，还请国际红十字会出面干预，以九人家属名义邀请了日本、阿根廷、印尼、巴基斯坦、英国、法国和比利时等七国著名律师组成律师团，敦促巴西当局释放九名中国无辜公民。

得道多助，失道寡助。巴西政变当局反对新中国的政治丑剧，激起了巴西人民和世界各国人民的愤怒。当时有87个国家的政界、法律界、新闻界、企业界、文艺界和宗教界1000多位著名人士，在一年多的时间里对受迫害的九位中国人表示了声援。

面对日陷被动的困难处境，巴西司法部长和外交部长上书总统，指出"扣押九名中国人一案已成为巴西摩擦与忧虑的焦点，如不及早驱逐中国人出境，势必损害我们国家的利益"。

在国内外强大的压力下，巴西政变当局以总统法令方式宣布"驱逐"我九人出境，并给十天上诉时间。我国有关方面当时考虑到，驱逐出境系行政决定，并非根据司法程序定罪，即使上诉巴方也不会改变决定，更主要的是为争取我九位同志早日离巴回国。因此，我国外交部于1965年3月2日请平托律师转告我九位同志："巴西总统用行政命令驱逐你们出境，届时可声明无罪，不必对驱逐令进行上诉。望你们早日回国。"中国九位同志在声明无罪，不承认任何判决的情况下，于1965年4月17日离开巴西回国。平托律师受托在他们离境后也发表声明以示抗议。

1965 年 4 月 20 日，九位同志终于回到祖国首都北京。李先念副总理和首都各界代表以及九人亲属等到机场欢迎他们。他们在巴西监狱经过一年零两个星期的顽强斗争后，胜利地回到日夜思念的祖国怀抱，见到了久别的亲人，紧紧地拥抱在一起，悲喜交加，难以言表。在敌人的酷刑拷打下，他们团结一致，进行了针锋相对的斗争，表现得那样英勇、无畏、铁骨铮铮，而此时此刻，却忍不住流下了滚滚热泪。

1974 年 8 月，在中巴建交谈判过程中，中方主动提出两国间未了事宜，即九人案事件，并重申了我国原则立场。巴方表示，从政治上说此案是错误的，巴政府将采取措施，撤销这一案件的司法诉讼。至此，时隔十年之后，震惊世界的“中国九人案”终以巴方承认错误而告结束。令人高兴的是，中巴建交后两国友好合作关系得到全面深入的发展，特别是 21 世纪以来上了一个大的台阶，前景十分广阔。

我与阿萨德父子总统的友谊

◎时延春［前驻叙利亚大使］

1999年11月23日，我结束了中国驻也门大使任期，从萨那直飞大马士革，出任中国驻叙利亚大使。对叙利亚，我并不陌生。从20世纪80年代到90年代，我曾多次到叙利亚参观访问。1991年夏，我随李鹏总理访问叙利亚，出席了阿萨德总统为李鹏总理举行的盛大宴会，见到了阿萨德。此次我出使叙利亚，感到肩上的担子很重，面临的问题很多。此时的哈菲兹·阿萨德总统年事已高，健康状况日趋恶化。稳定政权、顺利交班已成为阿萨德国内工作的重心，叙利亚正经历一个重要的敏感时期。对叙利亚来说，阿萨德

时延春大使（右）向巴沙尔总统（左一）递交国书

是掌控政权的最高决策人物；对国际政坛来说，阿萨德是中东和国际政治舞台上一位有影响的政治家。

阿萨德总统在逝世前一分钟还在打电话关心国事

在阿拉伯语中，阿萨德意为“狮子”，1930 年 10 月 6 日阿萨德出生于叙利亚拉塔基亚省卡尔达哈地区一个农民家庭，属穆斯林什叶派中的阿拉维派。

1999 年 11 月，我新任驻叙利亚大使，到任第三天便向沙雷外长递交了国书副本，获得了开展活动的资格。叙方几乎每个月都通知我做好准备，随时都可能向阿萨德总统递交国书，但一拖再拖，迟迟不做安排。我很自然地联想到阿萨德总统的健康问题。

2000 年 6 月 10 日，叙利亚宣布阿萨德总统逝世。我国决定派国务委员司马义·艾买提作为中国政府特使参加阿萨德总统的葬礼。我国驻叙利亚大使馆全体人员全力以赴地投入了这项紧急的接待任务。司马义·艾买提国务委员乘坐的专机于 6 月 12 日晚飞抵大马士革国际机场，叙利亚总理米鲁及数名部长在机下迎候，运输部长作为陪同团长陪车到夏姆饭店下榻。当晚，司马义·艾买提国务委员接受了叙利亚记者的专访。

阿萨德总统是在与黎巴嫩总统拉胡德进行电话交谈时突发心脏病逝世的，他死后遗体放在总统官邸内。6 月 13 日晨，阿萨德总统的灵柩停放在人民宫，于上午 10 时至下午 3 时接受吊唁。叙方决定，外国代表团的吊唁活动逐一安排。叙方陪同团长于即日上午 10 时到达司马义·艾买提国务委员下榻的套间，与我们一起边看电视实况转播吊唁活动边等候通知。接到通知后，我陪同司马义·艾买提国务委员到达人民宫，又等候了较长的时间，方进入停放阿萨德总统灵柩的大厅。我们向阿萨德总统的灵柩默哀，鞠躬，并向巴沙尔博士及叙利亚其他领导人表示哀悼。

阿萨德总统作为中东地区一个重要国家的最高决策人物，他在停止呼吸前一分钟曾在电话中对黎巴嫩总统拉胡德说:“我们的命运安排我们应为后代建设一个让他们感到欣慰的未来，我们的职责要求我们为他们留下的遗产要好于我们所继承的遗产。”

2000 年 7 月 20 日是叙利亚已故总统阿萨德 40 日祭。叙利亚政府在阿萨德故乡卡尔达哈举行有 4000 人参加的追悼会。我作为中国驻叙利亚大使出席。

巴沙尔总统表示要安排一次专门会见

我在叙利亚任大使期间，曾多次见到巴沙尔。巴沙尔非常活跃，他每到一处，都引起人们的极大关注。

2000 年 4 月 24 日，叙利亚举办了大型通讯设备展览，我作为大使应邀出席。在展览会上，我第一次见到巴沙尔。当我自报家门后，他热情地与我握手，对我出任中国驻叙利亚大使表示热烈欢迎。他表示，他要安排一次专门会见，与我就中东形势和叙中关系进行深入交谈。但那时阿萨德总统的身体已经十分虚弱，巴沙尔承担了大量工作，可谓日理万机，没能抽出时间与我专门会见。

2000 年 7 月 10 日，叙利亚举行全国大选，巴沙尔当选为总统。我出席了他的宣誓就职仪式后，便回国述职休假。此间叙方曾通知，安排我向巴沙尔总统递交国书，但因时间关系，我未能赶回大马士革。

2000 年 10 月间，我有幸在 10 天内连续 3 次见到巴沙尔总统，其中一次是我向他递交国书，另两次是我陪同访叙的中国重要代表团见他。我每次见到他，总听到他高度评价中叙两国友好合作关系，热情赞扬中国所取得的伟大成就和在国际事务中所发挥的重要作用，一再表示愿意为推动叙中友好合作关系进一步发展做出努力。2000 年 10 月，江泽民主席致信巴沙尔总统，强调中国愿进一步巩固和发展同叙利亚的友好合作关系，并向他发出了访华邀请。巴沙尔总统对此表示感谢并愉快地接受了邀请，表示尽快访华。

请巴沙尔总统夫妇品尝中国菜

在叙利亚任职期间，我夫人奚惠芳与巴沙尔总统夫人也过往甚密。

巴沙尔总统夫人叫阿诗玛，祖籍叙利亚中部地区。其父是位医生，长期在伦敦从医，阿诗玛生于伦敦。有人说，巴沙尔在英国学习和从医时，他们相识于伦敦。他们于 2001 年初结婚，当时巴沙尔 35 岁，阿诗玛 26 岁。

我夫人与阿诗玛的姨妈是好朋友，几乎每个月都要聚会一次。阿诗玛与巴沙尔结婚后，我夫人便去拜会她，二人谈得非常投机，阿诗玛希望我夫人常去看她。

2001 年 12 月，阿诗玛喜得贵子，我夫人前往人民宫，向阿诗玛表示祝贺，并祝新年快乐。阿诗玛表示感谢，并说她一家人都热爱中国，在伦敦经常到中国餐馆吃中餐，非常喜欢中国饭菜。我夫人再次去见她时，带了几个中国菜给她，并请巴沙尔总统也尝一尝，阿诗玛表示非常感谢。2002 年 6 月我离任前，我夫人于 5 月底向阿诗玛辞行，阿诗玛说了些美好祝愿的话，盛赞叙中友谊。

我在叙利亚工作期间，中叙两国在政治上相互支持，在国际事务中互相协调和合作。两国经贸关系稳步发展，在新闻、文化、教育、通信等领域的合作也在深入发展。

在我离任前夕，巴沙尔总统授予我“特等荣誉勋章”。2002 年 6 月 22 日苏莱曼·哈达德副外长为我举行饯行午宴，并代表巴沙尔总统为我授勋。不少叙利亚领导人和朋友告诉我，尽管我任期较短，不到授勋的年限，但考虑到叙中两国之间的坚强友谊和我为促进两国友好合作关系作出的积极贡献。

巴沙尔总统决定破例为我授勋。同年6月底，我结束在叙利亚的任职，回到北京，被任命为世界知识出版社总编辑。2004年6月23日，我在北京钓鱼台国宾馆再次见到了访华的巴沙尔总统，向他赠送了我主编的五卷册《阿拉伯小说选集》，并进行了友好交谈。

外国国宴往事拾趣

◎文并图 / 吴德广［曾任外交部礼宾司参赞］

我在礼宾司任职期间亲历亲闻国家领导人出国访问不少轶事，加之又曾三次派往国外常驻，数次随我国国家主席或其他领导人访问其他国家，亲见东道国隆重热烈欢迎中国领导人的场面，出席过许多大大小小的宴会。因此回国后我被问询最多的问题是：哪国的国宴最具“神秘色彩”？

第一次出席外国国宴印象最难忘。那是1978年1月27日晚6时30分，缅甸吴貌貌卡总理在总统府草坪上为欢迎邓小平副总理访问举行盛大的国宴，我作为随行礼宾官出席。国宴后一位缅甸歌唱家用中文歌唱陈毅元帅的诗《赠缅甸友人》，“我住江之头，君住江之尾。彼此情无限，共饮一江水；彼此为近邻，友谊长积累。不老如青山，不断似流水……”歌声在那夜空久久回荡，至今甜美的歌声一直在我耳边萦绕。

当年1月28日，邓副总理一行在吴貌貌卡总理的陪同下，访问位于孟加拉湾的山道威。山道威风光秀丽，额不里海滩上婆娑的椰树、古老的木屋、强烈的阳光、金色的沙滩，美不胜收。晚上缅方在沙滩篝火旁举行宴会，第一道菜是品尝海龟蛋。记得当晚主人让我撕开柔软的蛋皮，用嘴啄入蛋清，然后吃下蛋黄，别有清香美感。宴席上我还品尝烤全鹿肉，观看当地村民放在空中的一盏盏“天灯”；欣赏民间艺术家的精彩的歌舞表演。

乌拉圭　把中国米饭煮成了稀粥

外国国宴通常为晚宴。仪式隆重，礼仪端庄，气氛融洽，菜肴讲究。宾客都穿着正式服装，按事先排定的席位入座。宴会一般持续两到三个小时，尽管礼仪非常隆重，饭菜却远比人们想象的简单：往往是少许冷盘，一两道热菜，一道甜食，外加面包和饮料随时供应。

挪威国王、首相举行的国宴一律都是一冷盘、两热菜、一至二甜食。既保证宾客吃饱吃好，又不铺张浪费。

当然，饭菜简单不代表“礼轻情不重”。西式国宴特别注重礼仪，营造国宴氛围。功夫往往在饭菜之外。比如，瑞士联邦政府主席为招待各国外交使节而举行的国宴，都是三菜一汤，加上一份甜食。尽管饭菜有些“朴素”，但细心的主人用五彩缤纷的鲜花和美妙的音乐营造出温馨的氛围，给客人宾至如归的感觉。

好吃的稀粥。2001 年 4 月 10 日，江泽民主席对乌拉圭进行国事访问。乌拉圭总统巴特列为江泽民主席举行欢迎国宴。总统很重视这场宴会，专请夫人梅纳芙拉负责操办。她特地从中国驻乌拉圭使馆借来上百双筷子在宴会上用，还让负责烹调的乌拉圭大厨专门请教了煮米饭的“秘方”。不料百密一疏，乌方大厨一不小心放多了水，结果米饭煮成了稀粥。主人感到过意不去，江泽民主席夫妇却很喜欢吃煮得较烂的米饭。主人问客人饭菜是否可口时，江主席连声说“好吃”，并称赞当地大米不错，乌方大厨的手艺也很好。主人高兴，客人感到宾至如归。双方皆大欢喜。

墨西哥　最高档的“达科”干脆用蝗虫做馅料

和崇尚简约的西式国宴不同，一些国家和地区非常注重以民族特色的国宴招待宾客。1970 年 4 月周恩来总理访问朝鲜时，金日成主席设“全狗宴”款待贵宾。“全狗宴”的冷盘和热菜均从狗身上做文章，每道菜做法各异，香而不腻，美味可口。除了“全狗宴”，看似不起眼的泡菜在朝鲜国宴上也占有一席之地。朝鲜泡菜风味独特，酸、辣、香、脆俱备，既下得普通百姓的厨房，也上得一国国宴的厅堂。

墨西哥国宴与朝鲜的“全狗宴”有异曲同工之妙。墨西哥人以玉米为主食，他们的国菜也是一盘盘玉米美食：“托尔蒂亚”是一种将玉米面放在平底锅上烤出的薄饼，类似中国的春饼；“达科”是一种包着鸡丝、沙拉、洋葱、辣椒，用油炸过的玉米卷，最高档的“达科”干脆用蝗虫做馅料；“蓬索”是一种用玉米粒加鱼、肉熬成的鲜汤。除了玉米美食，墨西哥人食用米邦塔仙人掌也有着悠久的历史，用它做成的佳肴也是墨西哥国宴上的一道大菜。

西班牙的国宴佳肴——海鲜饭

西班牙国宴的“海鲜饭”举世闻名。所谓海鲜饭就是把海鲜、肉类和蔬菜同大米一起加工而成。海鲜饭最初于 13 世纪起源西班牙沿海渔村，后来传入内陆省份。据说哥伦布曾在西班牙国王为他举行的盛大宴会上谈起他一次遭遇飓风袭击，弃船逃生至穆尔佳迪小岛吃渔民的海鲜饭的经历，并称它为“救命饭”。国王当即下令嘉奖小岛渔民。此后宫廷御厨前往该岛取经，学会烹调海鲜饭，并从此用它招待国宾。

蒙古　用石头来烤全羊

各国领导人互访中，东道国非常注重以特色菜肴招待宾客。其中拿手的烤肉常常不期而遇，大至烤骆驼，小至烤蜗牛，应有尽有。

1991年8月26日至29日，杨尚昆主席应邀对蒙古人民共和国进行正式友好访问，笔者随行。8月28日上午，杨主席一行在蒙古总统彭·奥其尔巴特的陪同下前往蒙古中央省色尔格楞县牧民家做客。总统请杨主席在牧民家里用午餐。主人热情好客，端上别具风味的鲜嫩的烤全羊。这种全羊是用烧红的石块塞进羊的肚子里烤熟的，蒙古语称为“浩尔赫格”，是牧民用来招待最尊贵的客人的。午餐后在蒙古总统陪同下，杨主席穿着蒙古袍观看“那达慕”盛会，杨主席对旁边的蒙古朋友说：“你们看，我穿上了你们的衣服，戴上了你们的帽子，还有一匹马，可以跟你们一样在草原上奔驰了。”在蒙古包做客，亲如一家，宾至如归。

阿拉伯国家国宴烤全羊的做法各有特点。2004年2月3日至4日，胡锦涛主席应邀访问阿尔及利亚，次日中午，布特弗利卡总统在其宅邸为胡主席及其主要陪同人员举行小型宴会，主食是烤全羊。布特弗利卡总统一边从羊前腿胛处撕下一块羊肉递给胡主席，一边风趣地说，烤全羊此部位的肉最好，这是我的秘密。

非洲国家的国宴具有地方特色。马里外交部招待外国使节的国菜有一道烤骆驼，滋味妙不可言。烤骆驼上席时特别有趣：骆驼掏空内脏，一只烤全羊置于骆驼腹中，一只烤鸡含于全羊腹中，烤鸡腹中又藏着一只烤鹌鹑，烤鹌鹑腹中又含着一个鸡蛋。客人解读其中的奥秘时，仿佛在猜一道妙趣横生的连环谜题，主人的热情与幽默尽在其中。

巴西　刀光剑影式的吃法

埃塞俄比亚的国宴多是生牛肉宴。生食的牛肉很鲜嫩，吃法有三种：一是将剥去皮的整头牛劈成两半挂在钩上，客人一手持刀一手拿盘，自己动手去牛身上切，边切边蘸着作料吃，不加主食；一是把牛肉绞成肉糜，拌上辣椒粉等调料装盘吃；或用一种谷物做成的薄饼“英吉拉”裹着吃。中国历任驻埃塞俄比亚大使不少都品尝到生牛肉宴。

1990 年 5 月杨尚昆主席应邀对巴西、阿根廷、智利等进行国事访问。在这些国家品尝巴西烤肉，当然是少不了的。访问巴西时，杨主席一行在巴西的一家饭店品尝到巴西烤肉，访问智利时主人举行的国宴席上也少不了“巴西烤肉”。烤牛肉登场时，服务员左手握着一根长约 60 厘米的细铁钎子，上面叉着一大块牛肉，右手持一把长长的尖刀，走到客人身边，根据客人的意愿，躬身轻轻地为客人削下一块你喜欢的烤肉。在国宴，当着国家元首的面，上演“刀光剑影式”的服务，可谓难得一见。

美国 “全副武装”的豪华盛宴

美国国宴最早始于 1874 年，是美国总统给予外国政要最珍贵和最正式的荣誉。 1979 年 1 月 28 日至 2 月初，邓小平副总理应美国总统卡特的邀请访问美国。这是中华人民共和国成立后中国领导人第一次对美国的访问。邓小平受到国家元首规格礼遇的隆重接待。29 日晚卡特及夫人在白宫举行盛大国宴欢迎邓小平及夫人。美国国宴很多人竞争出席，但无奈“粥少僧多”，还是很多人无法如愿以偿。

那天晚上，在卡特总统举行国宴的邀请名单上，原先并未列上美国西方石油公司董事长兼首席执行人阿曼德·哈默。这位大名鼎鼎的企业家临时出席宴会。据美国报刊报道，哈默先生是“偷偷溜进会场”的，美方官员见他进来，便安排他在后面的桌次入座。哈默主动走近邓小平，与邓小平握手致意。邓小平满脸笑容迎上前与哈默亲切握手，并说，哈默先生，久闻大名了，很高兴今天与你见面。欢迎你有机会到中国访问，到中国投资办厂。当年 5 月哈默率领一个经济实力雄厚的工商代表团访华，与中方签订多项经济合作协定。

2011年1月18日至21日，应美国总统奥巴马邀请，中国国家主席胡锦涛对美国进行国事访问。1月19日，夜幕降临，白宫国宴厅里，音乐悠扬，烛影摇曳。美国总统在白宫内的国宴厅举行宴会，宴会厅通常只能容纳130名客人。这次白宫举行的国宴特意开放了3个厅。出席国宴的200余名各界人士，耆宿政要，商界名流，科技文化领域成就卓著的学者大家，共同见证中美关系发展的历史性时刻。

国宴的部分礼仪由美国国务院官员负责，很多重要细节，由美国第一夫人及助手具体操办，每一名白宫女主人都会在国宴上留下自己独特的印记。白宫女主人都会密切关注菜单的安排、餐桌颜色、花的摆放等，以便让到访的外国来宾满意，留下美好回忆。

宴会上菜肴精心制作，面点厨师为来访国宾制作甜点更为精细。设计的点心图案多与来访国有关，显然设计者的意图在于给客人们传递了友好的信息。白宫对餐桌布置引人注目，除了各人席位前摆放餐盘，各种不同的刀叉外，还摆放4个高脚杯，分别盛放红、白葡萄酒、水和香槟。每个餐桌中心通常摆放一个带鲜花的装饰物。

宴会的功夫全在菜肴之外。宴会前每位来宾都会收到一个信封，其内容之一就是他的席位安排。出席者必须穿西服，打黑领结；必须持请柬入席。记者云集，宴会似乎成为一次精心策划的政治演出。“全副武装”的豪华盛宴，红地毯铺开，镶嵌美国国徽的盘、碗，一一闪亮。国宴策划者似乎要让每一个出席者被国宴高档次的气势所折服。

英国　那里的宴会桌长达53米

英国女王每年只在春秋两季接待两位外国国家元首，其他来访的外国元首则作为英国政府客人。女王举行国宴，总会不遗余力地向来宾展示英国君主的气势与风范。

1999年10月18日，应伊丽莎白二世女王的邀请，江泽民主席对英国进行国事访问。这是有史以来中国国家元首对英国的首次国事访问。第二天中午伊丽莎白二世女王设午宴款待江泽民主席夫妇，晚上女王在白金汉宫为江泽民主席夫妇举行欢迎国宴。在宴席上女王对江泽民主席说："阁下，您和我同年出生。别人告诉我，我们在中国的生肖同属虎。我们在波澜起伏的世纪中经历了将近四分之三的旅程。"女王在宴席上还谈到中国文化，引用了孔子的名言"学而不思则罔，思而不学则殆"，表达她希望学习中国传统文化的愿望，并强调两国今后将继续为世界和平与繁荣而合作。

在江泽民主席访问期间，女王6次出面陪同江泽民主席参加有关活动。女王有史以来第一次前往中国驻英国大使馆出席江泽民主席举行的答谢宴会，在礼宾上做出破例安排。

白金汉宫由白金汉公爵于1703年建造。从1837年维多利亚女王登基起，英国历代君王都在此居住。女王重要国事活动均在此举行。来访的外国元首也在宫内下榻。在白金汉宫内，国宴设在Ballroom，当中摆放了一个超长宴席桌，长23米，宽8.5米，这个Ballroom于1850年由维多利亚女王建成，并于1914年设下第一场宴会，由英王乔治五世宴请丹麦王室。在温莎宫，国宴则设在St George's Hall，那里的宴会桌更长达53米，能够款待多达160位嘉宾。

国宴的菜单，通常提前下达。先由主厨建议两款菜单，再由女王最后定案，两者择其一。在维多利亚女王以及英王爱德华七世的那个年代，英国一场国宴多达十二至十四道菜。例如，1906年，英国王室在温莎宫宴请挪威王室的国宴菜单，当中便有多达十道菜。新世纪，国宴菜单大为精简，缩减至四道菜。头两道菜通常是鱼和肉，后两道菜通常是布丁、甜品或水果。

法国　4000 朵红玫瑰花装饰宴会厅

按法国传统礼仪，法国总统在爱丽舍宫举行欢迎来访国家元首国宴。马蹄形的宴席伸展在狭长的宴会厅内。主客在前厅喝以香槟为主的开胃酒。在共和国卫队乐团的迎宾曲声中宾主鱼贯进入。金碧辉煌的大厅，红色的法兰西地毯，加上屋顶五彩缤纷的绘画和悬挂的巨型水晶吊灯，把整个宴会厅和走廊装饰得格外高雅、豪华、气派。

国宴菜肴两菜一汤。法国名贵的特色菜，如朗德鹅肝、珍稀黑色菌“多福”（Truffe）之类，最负盛名的一种是“巴黎牛排油炸土豆丝”，又被誉为这个美食大国的国菜，每次都会被端上国宴台面。这菜妙在牛排半生半熟，肉呈红色，鲜美可口，土豆丝焦熟适度，嚼起来满口是香、风味独特。法国国宴上还常有名菜烤蜗牛，它的制作很特别：将蜗牛肉同葱、蒜、洋葱一起捣碎，拌以黄油，调味之后，把肉塞回壳内，放在特制的瓷盘，送进烤箱烤。食用时油还冒着泡，香气扑鼻。

法国国宴通常以两个热菜招待客人。1987 年 11 月 7 日至 12 日李先念主席访问法国，密特朗总统在爱丽舍宫宴会大厅举行欢迎宴会。当晚法国外交部礼宾官告我使馆：按照法国近年的做法，国宴上规定只能上两个热菜。密特朗总统本人在看了欢迎李主席的国宴菜单后，亲自在冷盘之下增加一道奶油鱼汤，使宴会变得更加丰盛和更具有法国菜肴的特色。

在我的印象里，法国的国宴可谓是“秀色可餐”。法国国宴注重礼仪，营造国宴氛围。功夫往往在饭菜之外。如穿着古装的服务员高高地托着闪闪发光的器皿分成两列，在宴会厅中间迈着特有的步伐上菜。与主菜搭配的酒是精选的，何年何地何种酒，都在菜单上注明。

文化情趣浓厚的国宴。法国宴会注重吃的过程。美食佐以雅谈，锦心绣口。既是物质享受，更能生发精神，增进友谊。1994 年 9 月 8 日至 12 日，江泽民主席对法国第一次国事访问，密特朗总统为江主席举行高规格的国宴，宾客达到230多人。为增添宴会的友好气氛，法方还特意安排法国著名演员米歇·马蒂厄在宴会上用中文演唱中国民歌《茉莉花》，使宴会达到高潮。

1999年10月江泽民主席又一次对法国访问，25日晚希拉克总统举行国宴招待。这是一次文化情趣浓厚的国宴。宴会厅和宴会桌都装饰红玫瑰，约用了4000朵红玫瑰花。布置与众不同，别有一格。宴会前希拉克总统请江泽民主席观看中国艺术品展览，展品有中国辽金时期的一尊罗汉像等，希拉克总统兴致勃勃地向江主席讲解那些展品的艺术价值，谈起青铜器来更是眉飞色舞。在宴会祝酒时希拉克总统引用了杜甫的诗《客至》："舍南舍北皆春水，但见群鸥日日来。花径不曾缘客扫，蓬门今始为君开……"；江主席则用法语念了祝酒词最后一部分，宴会的友好和文化氛围甚浓。

俄罗斯　采用"唱名"的办法介绍所有来宾

莫斯科克里姆林宫的国宴通常在大克里姆林宫的多棱厅里举行。这个厅原是俄国皇帝接见外国使臣的地方。多棱厅顾名思义，厅名由"棱"而生辉。在四面墙以及两个巨型立柱上，堆砌着无数不规则的棱体，灯光一亮，整个大厅宛如水晶宫一般。这个厅面积不大，可容纳一百二三十位宾客。

1991年5月15日晚，苏联总统、苏共中央总书记戈尔巴乔夫为江泽民总书记访苏举行欢迎国宴。戈尔巴乔夫和江泽民两位领导人并排在弗拉基米尔厅中央与来宾握手。弗拉基米尔厅与多棱厅齐名，都是用来举行特别重要的国事活动的场所。

当晚国宴菜单上写着两种汤，让各位宾客两者选一。两道热菜是煎牛排和煎鲟鱼块，少许冷盘。当然面包是有的，红和黑鱼子酱也有。

1991年12月26日，苏联解体，俄罗斯联邦成为独立国家。1995年前后，俄罗斯对国宴前的一些礼宾程序进行了改革。其中包括：在与俄罗斯总统及外国元首见面之前，采取"唱名"（包括"唱"姓名、敬称、头衔）的办法来介绍参加国宴的所有来宾。传媒说。这是恢复俄国皇帝执政的某个时期曾实行过的一种“老礼节”。有时俄国的国宴从全国广播员中挑选最高水平的播音者，在国宴上介绍来宾。人们称它为“国嘴”介绍宾客。

江泽民主席 1997 年春天访问俄罗斯联邦时，在欢迎国宴开始前。“唱名”就“唱”了将近一个小时。因为参加国宴的中、俄宾客多达一百五六十人。差点儿把礼宾官的嗓子都给“唱”哑了。由于“唱名”拖的时间太长，俄方人员怕两位元首夫人累着，就搬来两把椅子让她们坐。

国宴说起来不外是一种刀叉外交，也是一种特色饮食文化与民风民情的展示。不同国家和民族文化背景不同，饮食习俗千差万别，饭桌外的工夫也五彩缤纷。

多年来中国国家领导人出国访问，东道国为中国领导人举行高规格的礼仪活动，受到红地毯的接待。这既是中国国家领导人的光荣，更是国家和人民的光荣。这些丰富多彩，别有一格的国宴，从一个侧面见证中国国际地位的日益提高以及外交成就的光辉一页。

我与汗血马的亲密接触

◎文并图/周晓沛［前驻乌克兰、波兰、哈萨克斯坦大使］

上世纪70年代，我在驻苏联使馆工作时，就听说过中亚的土库曼产有著名的阿哈尔捷金马，即我国史书记载的“汗血宝马”，但一直未能前往寻访。苏联解体后，我有机会两次去了土库曼斯坦（“斯坦”意为国家），终于得以亲眼见证。

到土库曼斯坦必要看国宝——阿哈尔捷金马

1992年初，我随同中国政府代表团访问中亚，第一次来到新独立的土库曼斯坦。那次访问的主要任务是与原苏联各国谈判建交，一天一个国家，日程非常紧张，连上街观光的时间都没有。在交谈中，对方主人言必称他们引以为自豪的两件国宝：一是“世界上最好的马”——阿哈尔捷金马，不仅形体美、速度快，而且通人性，土库曼人祖先花了数千年时间才培育形成；二是“地球上最好的地毯”——土库曼地毯，深红色手工毛织，基础图案全由艳丽的玫瑰花纹组拼，蕴涵着突厥人的审美情趣。无论在宾馆走廊，还是礼仪大厅，到处可见土库曼民族特色的地毯、挂毯和精美的阿哈尔捷金马油画。临别时，土库曼斯坦总统亲手向我们代表团每个成员赠送一块他们的国宝地毯，以表达对中国政府最早承认其独立并最早建立外交关系的谢意。

此行13年之后，我再次来到土库曼斯坦，终于有幸见到了心仪已久的阿哈尔捷金马。那是2005年，当时我在哈萨克斯坦工作。按照惯例，我们驻中亚各国使节定期在阿拉木图聚会，就地区形势及相关工作交换看法。出于私心，我很想借机看看阿哈尔捷金马，便提出能否考虑换个地方开会，譬如土库曼斯坦，也有点新鲜感。这个动议得到大家一致赞同。

虽然已是秋季，但土库曼斯坦天气仍十分炎热。不过，如今的土库曼并非十多年前人们戏称的“又土、又苦、又慢”，而早已“鸟枪换炮”了。独立后，该国经济发展较快，社会政治稳定，居民生活水平提高，城市建设也很洋气。首都阿什哈巴德街上欧洲标准的宽敞柏油马路，清一色乳白大理石贴面的高楼大厦，以及连山上公园都昼夜通明的灯光，看起来相当壮观。位于市中心的十匹马雕塑公园则是首都的标志性建筑。据说，英俊神武、形态各异的阿哈尔捷金马图案是总统亲自设计审定的。

在完成会议的正式日程之后，东道主鲁桂成大使组织兄弟馆的同事去阿什哈巴德郊区参观土库曼斯坦的两大国宝。在一个农村的家庭作坊里，我们仔细观看了地毯传统编织的全过程。纯朴的土库曼姑娘还让我们坐到跟前，手把手地教授怎样穿线织花。随后，就去邻近参观养马场。

养马场主人是使馆的“关系户”，因为国内来的代表团几乎都要提出看汗血宝马。主人听说有五位中国大使前来参观，特意作了精心安排。先是到马厩观看，尽管主人一再招呼，我们还是离马匹较远。鲁大使悄悄地跟我咬了一下耳朵，说阿哈尔捷金马很温顺，不会踢人的。出于礼节，我壮了壮胆，带头走近围栏。站在我面前的是一匹浑身乌黑油亮的公马，拥有轮廓美丽的头颅和天鹅般优雅的脖颈，毛色在灯光下像绸缎一样呈现色阶变化，真不愧为“最具美感的马”。它朝着我迎了一步，友善地扬起脖子，转过脸来，作出可爱的接吻状。一下子，大家都乐开了，纷纷上前抚摸亲热，并拍照留念。然后，我们来到客厅。一边喝着热腾腾的奶茶，一边津津有味地听着主人娓娓道来。

土库曼有句俗语："早上起床后先给父亲请安，之后给马儿请安。"这形象地反映了马在家庭中的地位。小马驹出世后，像孩子一样被正式命名，因此每匹阿哈尔捷金马都有自己的名字，其后代则叫儿子、女儿、孙子、重孙等等，并有世代家谱。在悉心喂养的过程中，马儿受到主人全家老少的呵护和疼爱，始终与人类保持着亲密接触，因而也渐渐变得通人性了。当主人有难时，它总会挺身相救。

被誉为"贵族血统"的阿哈尔捷金马是世界上最古老的马种之一，原产于土库曼境内科佩特山脉和卡拉库姆沙漠之间的阿哈尔绿洲，由当地的捷金部落培育而成。阿哈尔捷金马至今已有三千多年驯养历史，是人工饲养时间最长的马种，与阿拉伯马、英国纯血马同为世界三大纯种马。

目前，土库曼拥有七十种同血系纯正阿哈尔捷金马。常见毛色有淡黄、枣红、银白及乌黑等，体高一般为 1.5 米左右，皮薄毛细，四肢修长，步伐轻灵高雅，体型纤细优美，再衬以弯曲高昂的颈部，勾画出完美秀丽的流线。阿哈尔捷金马具有适应沙漠干热气候的特性，在长途骑乘中表现出良好的速度和耐力。正是由于卓越的性能，国际市场上售价昂贵，通常每匹达几十万美元。目前全世界共有阿哈尔捷金马 6000 余匹，其中土库曼斯坦 3000 多匹，俄罗斯 2000 来匹，另有 1000 匹分布在世界各大洲其他国家。

参观的重头戏是训练场。主人牵过一匹浅黄色、脸上带有白花纹、四腿

周晓沛大使试骑阿哈尔捷金马

墨黑、蹄子雪白的马儿，马背上披有一块精致的红毛毯。他飞身上马，扬鞭疾驰，绕场跑了几圈后到我们面前戛然而止，马的前半身腾空仰立，好不威风！接着，殷勤的主人让我们亲自上马体验。我正好跃跃欲试，于是穿上特制的大红袍，戴上白色羔皮帽，在主人帮护下，战战兢兢地坐上马背。先是由他陪着缓缓地走了一圈，然后按其提示轻拉缰绳，双腿一夹，马儿就乖乖地小跑起来。果然名不虚传，骑得十分平稳、舒适、潇洒，感觉真是爽极了。后来，我出版外交回忆录《中苏中俄关系亲历记》时，还专门将骑着汗血马的照片作为插图附上。

"天马"西来及汗血之谜

据《史记》中记载，张骞出使西域归来说："大宛多善马，马汗血。"故在我国，两千多年来这种马一直被神秘地称为"汗血宝马"。

公元前 112 年，敦煌有人将一匹汗血马献给汉武帝。武帝大喜，将其称为"天马"，并作歌咏之："太一贡兮天马下，沾赤汗兮沫流赭。骋容与兮跇万里，今安达兮龙为友。"武帝爱马心切，遂派百人使团，带一具纯金制作的马前往大宛国，欲以重礼换取汗血马种马。可是，大宛国王不仅拒换，还在归途中"杀汉使，取其财物"。武帝闻之大怒，下令武力夺马，并为此发生两次战争。

公元前 104 年，汉武帝命李广利为贰师将军，率骑兵数万人西征，但败退敦煌。3 年后，汉武帝再次命李广利率军出征，还带了两名相马专家，以备攻破大宛后挑选良马。此时大宛国因内讧而议和，允许汉军自行选马，并承诺以后每年向汉朝进贡两匹良马。汉军选汗血马 3000 多匹，经长途跋涉，回到玉门关时仅剩 1000 余匹。引进汗血马的汉朝骑兵，战斗力大增。

唐朝时，中原与西域诸国的关系更加密切。公元 647 年，奥古什 – 卡拉乞达人赠给唐太宗一批阿哈尔捷金马。太宗从中选出 10 匹，封之为"千里马”。天宝三年，唐改大宛为宁远，并将义和公主远嫁宁远国王。对方献上两匹“胡种马”（亦即汗血马），唐玄宗取其名为“玉花骢”和“照夜白”，还被画进唐代名画《照夜白图》。不过，杜甫在《丹青引》一诗中批评宫廷画家韩干把马画得太肥，责其“画肉不画骨”。但也有人为其辩解道，“照夜白”是玄宗的御马，有专人喂养，又很少活动，所以膘厚肉肥，画家不过是写真、写实罢了。

中国汗血马为何会失传?

据查，自古以来，对汗血马描述得最为形象逼真，可谓达到出神入化的，要数一生爱马的李白了。这位唐代大诗人出生于西域碎叶城（今吉尔吉斯斯坦托克马克），晚年时写下绝唱《天马歌》，诗曰：“天马来出月支窟，背为虎文龙翼骨……尾如流星首渴乌，口喷红光汗沟朱……”

汗血马从汉朝进入我国一直到元朝，还是一代天骄成吉思汗的坐骑，也成为蒙古大军横扫欧亚大陆的主要战马，曾兴盛上千年，后来却消失无踪。有的说法是，汗血马速度快，但体形纤细，负重力和耐寒力差，这是被弃用而消亡的一个重要原因，还有诸如疫病、血统失纯或自然退化等因素。1950年，为改良骑兵部队的马匹，我国从苏联引进阿哈尔捷金马种马，其中52匹饲养在内蒙古锡林郭勒牧场。但当时未能建立一套谱系管理制度，任其自然繁殖，导致纯种马失传。

至于汗血马是否真的“汗血”，迄今各国专家众说纷纭。据史书所说，汗血马奔跑时，脖颈部位流出的汗中有红色物质，鲜红似血，因此被称为“汗血马”。而清人德效骞在《班固所修前汉书》中将“汗血”解释为“马病所致”，认为有一种存活于马臀部和脊部的寄生虫能钻入皮内，使马皮在两小时间就会出现往外渗血的小包。此观点得到部分外国专家认同，但现代科学对这种寄生虫尚知之甚少。另有一些学者依然坚称，阿哈尔捷金马在快速奔跑时体温上升，使得少量血浆从毛孔中渗出，因而出现这种“汗血”现象。

土库曼斯坦养马专家则有自己的见解，认为阿哈尔捷金马皮肤较薄，奔跑时血液在血管中流动容易被看到，加之马肩部和颈部汗腺发达，特别是枣红或栗色的马，出汗后局部颜色会显得更加鲜艳，给人以“流血”的错觉。

出土青铜器“马踏飞燕”的原型是汗血马

2007 年，中国中亚友协代表团应邀参加在甘肃武威市召开的一次国际研讨会。武威历史悠久，人文荟萃。公元前 121 年，汉武帝派骠骑将军霍去病远征河西，大败匈奴，为彰其“武功军威”而将当地命名为“武威”。灿烂的历史孕育了绚丽的文化，武威境内名胜古迹众多，最为突出的代表就是中国旅游标志——“马踏飞燕”。

研讨会后，我们参观了位于城北一公里处的雷台。这里古树参天，一座气势巍峨的古建筑群屹立在高约 10 米的夯土台上。这就是闻名中外的铜奔马出土地。据介绍，1969 年，在雷台下的东汉晚期大型砖室墓中发现了这件宝物。经专家鉴定，这是东汉时期的极品青铜器，距今约 1800 年。铜奔马的原型，就正是从西域经丝绸之路传入我国的汗血马。

1971 年，著名历史学家郭沫若陪同柬埔寨宾努亲王访问兰州，在博物馆里看到这匹“昂首嘶鸣、四蹄腾骧”的奔马，遂将之命名为“马踏飞燕”，形容骏马飞驰就像凌空掠过的燕雀，表达气势夺人的浪漫主义意境。郭老还深情赞叹道：“天马行空，独往独来，就是拿到世界上去，都是一流艺术珍品”。经其推荐，外交部安排“马踏飞燕”与其他国宝级文物一起赴世界各地巡回展览，从此名扬四海，堪称“天下第一马”。

我们代表团中刚好有郭老的女婿，他是中国中亚友协副会长、原驻乌兹别克斯坦大使张志明。经我一介绍，博物馆领导十分惊喜，陪同人员纷纷要求与张大使一起在“马踏飞燕”前合影留念。张大使也深有感触地说：“以前多次听说过这段历史，但今天是有幸亲眼见证啊！”

4 匹小马驹顺利降生，十分淘气

“我不会称呼你为马，我只会称你为兄弟，对我而言，你比兄弟还珍贵……”这是土库曼不朽的史诗《奥古斯纳马》中的名句。土国人民对阿哈尔捷金马的热爱和崇拜凝入血液，已成为其民族精神不可分割的重要部分。作为国家象征，阿哈尔捷金马被绘制在国徽中央和货币上。土库曼斯坦总统曾先后两次向我国领导人赠送珍贵的阿哈尔捷金马。在中国公众视野中消失了千年的神秘之马、梦幻之马，从它的故乡穿越古丝绸之路，又再次来到友好的邻邦。这是中土两国人民和平、友好、合作的美好象征。

2013 年初，当得知安置在天津市武清区汗血马繁育中心的阿哈尔捷金马已成功配妊，即将有纯种小马降生时，我心中突然萌生出一个好奇的念头——为什么不去亲自探访一下近在咫尺的神奇宝马呢?

在春暖花开之际，我和夫人专程从北京来到天津武清，养马场就在北京和天津之间的廊坊附近。中心负责人一听是外交部客人，而且有宝马情结，十分热情地接待了我们，并详细介绍了相关情况。该中心占地近 2000 亩，基础设施齐全，具有高级兽医师、畜牧师、调驯师等专业人才，还有马医院。

为了驯养好这两匹宝马，从属于中国农业发展集团总公司的繁育中心配备专业团队负责照料，拥有专用马厩舍、马房和训练活动场所。土库曼斯坦驻华大使来参观后，对这儿的环境和条件感到满意。为使汗血马能在国内繁衍纯种，2011 年又从国外引进 13 匹纯种母马。除 2 匹年龄还小，可配种的 11 匹中 10 匹均已怀孕。就在不久前，4 匹小马驹已顺利降生，最小的才一个星期，还带着一身胎毛，十分淘气。可惜的是，有一匹母马流产。母马怀胎期为 11 个月，小宝宝生下 4 个小时后就能自己站立起来。听完介绍后，我们迫不及待地前往马厩一睹汗血宝马的真容。

作者夫妇抚摸“玉石”宝马

土库曼斯坦赠送的两匹汗血马抵达中国后，引起一股汗血马热

这两匹马都各有中外文名字。一匹马名为“阿赫达什”，意为“玉石”，1994年出生。除3条腿白色外，全身黝黑，脸部有3处白花纹，是马类中少有的“乌云踏雪”马。这是1998年土库曼斯坦总统访华时向江泽民主席赠送的。“阿赫达什”身世显赫：祖父是苏联元帅的坐骑，1945年胜利日时朱可夫就是骑着那匹马在红场检阅部队；父亲在1995年国际马匹速度赛中夺魁；其身价高达1000万美元。

另一匹马名叫“阿尔喀达葛”，意为“靠山”，2001年出生。体形修长，高1.61米，长1.62米。身上毛色纯黑，三腿雪白，额头正中有一块菱形的白色花纹，长得很帅气。有意思的是，土库曼人认为三腿白色的马为好马。这是2006年土库曼斯坦总统访华时向胡锦涛主席赠送的。“阿尔喀达葛”战绩辉煌：2 岁时平地 1000 米速度纪录达到 1 分 06 秒，曾在全国速度赛中 6 次荣获冠军。经过 6 年多时间精心培育，该马已从青年健康地步入壮年，生育性能强，遗传性稳定。据介绍，汗血马 8 岁至 14 岁的种马为青壮年，最适合于配种繁殖，26 岁后就算进入老年期。当然，长寿马也有活到 100 岁的。令人欣慰的是，专家们准备采取某些特殊措施，加强调养，让“玉石”也能留下纯种后代。

土库曼斯坦总统作为国礼赠送的两匹汗血马抵达中国后，曾受到国内广泛关注，也引起一股汗血马热，成为中土两国和两国人民传统友谊的永恒象征。我想，随着中国版纯种小汗血马的诞生和成长，汗血宝马的传奇故事必将增添精彩的新篇章。

罗高寿先生：一生一世中国缘

◎文并图　李景贤［前驻俄罗斯大使馆公使］

1932年3月1日，罗高寿生于莫斯科，幼年长在中国，在华生活、工作了27年半，此外，来华公干达N次之多，而且，近80高龄时，仍坐着轮椅，多次来我国从事公务活动。有一次，我国一领导人当面赞扬罗高寿大使，说他走遍中国大江南北，为发展中俄关系做出了宝贵贡献。

罗高寿父子合影

从上世纪90年代初起，罗高寿就受俄罗斯首任总统叶利钦派遣，第一个来中国任特命全权大使。他这次在华工作长达13个春秋。在北京外交使团中，这位俄罗斯大使在任时间之长，与中国缘分之大，对中国了解之深，到过我国城镇之多，交友之众之广，在我国知名度之高，个人魅力之浓烈，可谓绝无仅有。有人称他为“亲华派”，其实，一国之大使，是其派出国的最高正式代表，对于驻在国，无所谓“亲”与“不亲”。如果非要把罗高寿大使归到哪个“派”的话，我觉得，称他为“知华派”比较恰当。他这个人懂得中国的历史、文化、传统，了解中国人的感情、爱憎、性格。

罗高寿的言行给我的感受颇多，最大的一个是，他对中国有感情，而这种感情是一种自然流露，且又比较深沉，有别于那些一般性的客套话或华丽的词藻，它源自对中国悠久历史的钦佩，对灿烂中华文化之热爱，对孔子“君子和而不同”真谛的熟稔。

“水到渠成”，“你我都有福”

我知道“罗高寿”此名，是50多年前的事了。1960年秋，我在北京外国语学院（今北京外国语大学）俄语翻译班学习时，汉译俄教材中，就有俄文版《水浒传》花和尚鲁智深倒拔垂杨柳这一故事。翻译老师高铭对我们说，这部小说是由阿历克谢·罗加乔夫译成俄文的，他给自己取了一个高雅吉祥，中国味道十足的名字：“罗高寿”。高老师还说，法兰西有两个“仲马”，一大一小，俄罗斯则有两个“罗高寿”，也一大一小，大的就是这位《水浒传》译者，小的那一个，名字叫伊戈尔，也是翻译出身，子承父业，用的是同一个中国名。他曾任苏联驻华大使翻译，听说还给毛主席翻过，并同他老人家一起吃过湖南辣椒，闹得个“满嘴着火”。从这个时候起，小罗高寿这个人，就进入到我的视野。不过，从上世纪60年代初起，中苏两党进行“真假马列”大论战，“文革”期间，中苏关系从政治上对立演变为军事上对抗。在长达十六七年时间内，中苏之间“老死不相往来”。因此，整整过了24年，即1984年，我才见到了“真人”罗高寿。那时，他已经是苏联外交部第一远东司司长了，我在驻苏联使馆任政务参赞。他50刚出头，高个子，身材匀称，举止儒雅。到了1987年，我才与罗高寿有真正意义上的“零距离”接触。

1987年春，中断达9年之久的中苏边界谈判得以恢复。我国政府代表团团长是钱其琛，他时任副外长，其谈判对手正是这位罗高寿，他当时是苏联副外长。那时，我是中国政府代表团团员、中苏划界联合专家组中方组长。

两国团长的谈判，轮流在北京、莫斯科两地举行。

在谈判中，罗高寿态度温和，用语平稳，不纠缠细节，遇到分歧时，常常用汉语淡定地说："让咱们再好好想一想。"他与其前任（第二次中苏边界谈判苏方团长）伊利切夫形成鲜明对照，后者在谈判中经常东拉西扯，软磨硬顶，时任我方团长的韩念龙副外长，无奈地对我们说："同志们啊，与此公谈，简直是白白浪费生命！"

谈判之余，罗高寿与钱其琛有过不少私下接触，有些不便在谈判桌旁说的话，就在这种非正式场合通通气，甚至"亮亮牌"。也许因为我的汉俄双语记录还不错，钱其琛常常让我跟着他当记录，有时，还当当翻译。

钱其琛第一次宴请罗高寿后喝茶时，这位苏方团长边落座边用汉语说："从前，我们两国的代表总是'务虚'"，曾在苏联中央团校学习过的钱其琛，一听就立刻接上话茬，用俄语跟进："我们俩现在可以'务实'了"，此言一出，两位团长即相视而笑。我在旁听得这番言简意赅的对话，感到实在是妙：一句话刚出，另一句话即接上，而且，一句汉语，另一句俄语，连接得严丝合缝，但均话中有话。我不由得想起，中苏边界谈判已进行过两次，长达将近10年，曾有人想出这样一句俏皮话，来形容这种马拉松式谈判："用子弹还没上膛的毛瑟枪打飞鸟，空对空"。中苏两位团长现在聊得这么投机，我因而预感到，这次谈判肯定"有戏"，不会再"空对空"，而是"实打实"啦！

面对这种"务虚""务实"的默契对话，罗高寿显得很兴奋，顺口来了这么一句："钱部长，你说得真好，咱们现在可以务实了。汉语有句四个字成语，叫'水到渠成'。现如今，水到渠成了，你我都有福啊！"

中苏边界问题有两大难点：东段的黑瞎子岛和西段的帕米尔归属。私下与钱其琛交谈时，罗高寿用汉语称之为两块"硬骨头"。他还问在场的我："李，你是边界问题专家，用'硬骨头'这三个字来形容，恰不恰当？"我连声答道：恰当，好恰当，真恰当！随后，他轻轻叹了口气说："我本人完全理解中国同志们对这两个问题的关切，不过，我们方面在未来三五年内，恐怕难以做出实质性让步，问题在于内部。”他进一步解释说，苏联在帕米尔地区“存在”已经100多年，而开发黑瞎子岛，也有60年历史了。戈尔巴乔夫（时任苏共中央总书记）、谢瓦尔德纳泽（时任苏联外长）得在内部做工作，而这项工作又极为艰巨，这就需要时间。这位苏方团长还说，解决这两大问题的钥匙，在于双方相向而行，做出妥协，以便找到都能接受的划界方案。钱其琛让他预测一下，上述两块“硬骨头”要“啃”下来，得用多长时间。他沉思好一会儿，才慢慢地说：“钱部长，急不得啊，一二十年吧！”后来的事态发展表明，这一预测是准确的，上述两大争议问题的彻底解决，已经是本世纪初的事了。

罗高寿还向钱其琛讲了两段“题外”的话，很值得回味。一段讲的是对中苏关系恶化的反思。他认为，中苏关系那一大段不堪回首的岁月，本来是可以避免的，缺的是历史地、客观地、理性地看待和处理两国间积累下来的成堆难题。另一段则涉及邓小平。罗高寿一说起这位伟人，敬佩之情便油然而生。他说：“‘文革’后中国的局面，能有魄力扭转过来的，只有小平同志一人！”还说，苏联要是也有个“他”（指类似邓小平的人），那就好办得多！

“划界大臣”是个“难缠的对手”

中苏划界联合专家组组长会谈，也在北京、莫斯科两地轮流举行。双方有个默契，在一轮会谈结束后，接待方的团长就会见对方专家组组长。罗高寿团长第一次会见我时，用汉语轻松地交谈。他称我为“李”，表示亲切，我则以其名字和父名相称，以示尊敬，有时也诙谐地叫他“罗先生”。他一落座，就来了这么一句：“李，你的官可不小啊，比我这个官大出一大块儿。”见我不解其意，便说：“要是放在清朝，你可是个‘划界大臣’呐！”说完便哈哈大笑起来。我听后不由得一笑，好一个幽默汉学家，用汉语恭维人啊，都恭维到家了！

我与苏方组长魏列夏金，各手执一张张大比例尺地图，谈一块块边界地段的划法。我们二人谈得有时比较顺，有时则相当苦，往往是你批我驳的，“火力”相当猛。例如，在黑瞎子岛归属问题上，我总是据理力争，寸土不让，有一次，一口气讲了70分钟，破了单次发言时长的记录。为此，罗高寿半开玩笑地对我说：“李，我们外长（指谢瓦尔德纳泽）对你这个组长‘很不满意’，称你为‘难缠的对手’。”我也半开玩笑回应道：“面对那么一个大块头（指沙俄占去我国大片领土），我只好接受谢外长送的这个雅号！”碰巧的是，1995年3月28日，我作为驻格鲁吉亚第二任大使，向格总统谢瓦尔德纳泽先生递交国书后交谈时，他说：“我记得你，你同苏联方面代表谈过边界问题，曾有人向我反映，你是位难缠的对手。不过，这个嘛，我完全理解，我搞过几年外交，懂得在谈判中，一方总是尽可能多维护本国的利益。”

罗高寿爱幽默，也喜被幽默。有一次，我国一位领导人当面夸他这位中国通，说竟走遍中国大江南北。我的一位老朋友朴扬帆女士当的翻译，她立即突发奇想，把此话形象地译为“большая лягушка”（“大青蛙”）。罗高寿一听就乐了，不过，尽量憋住笑。谈话一结束，他就对这位高翻哈哈大笑起来，说：“小朴，你把我译为‘大青蛙’，真是太绝了！”日后，这位“被幽默者”见到我的这位朋友，一再美滋滋地提及这件乐事。其实，在俄罗斯一童话中，“大青蛙”是个爱吹牛的家伙，此乃“坏译”变“好译”，“大青蛙”这一怪译好生了得，逗罗高寿大使乐了好些年！

给中国领导人和梅兰芳当过翻译

我多次有机会与罗高寿闲聊，因此，对他的中国情缘，多少有些了解。他对我说过，中国是他的“第二故乡”，甚至还是“第一故乡”，因为童年是在中国度过的。他出生后刚满月，就随母亲到了乌鲁木齐，其父当时在苏联总领馆任职。五岁时，父亲转到驻哈尔滨总领馆工作，他随着又到了这个“东方小莫斯科”，八岁时才随父母回到苏联。他先后3次在苏联、俄罗斯驻华使馆长驻，共十六七年，从职员当到政务参赞，最后攀上“大使”这个外交官阶梯之巅，而且，一干就是10多年。

周总理和翻译罗高寿

当我问到给毛泽东当翻译的情景和感受时，罗高寿笑着说：“给主席当翻译纯属偶然。1958年初，我第一次到苏联驻华使馆工作。11月7日晚7时，我们大使尤金同志在使馆举行十月革命节招待会。你们的礼宾官事先通知使馆：周总理作为主宾出席招待会。我陪着大使早早就站在使馆主楼前，恭候总理的到来。总理一下车就兴奋地说：毛主席一会儿就到。尤金大使一听就喜出望外，而我呢，既兴奋，又害怕，我这个初出茅庐的小翻译，可怎么给主席他老人家翻啊？当时，脑子里一片空白。其实，主席很随和，人又幽默，只是他的湖南口音听不大懂，幸好那天李越然同志在场，是他给主席当的翻译，而我呢，只译我们大使讲的话。”

有一次，罗高寿告诉我，他还为刘少奇、周恩来、朱德、邓小平等中国领导人和一些文化名人当过翻译，但给梅兰芳当翻译让他最难忘。他说：“那是1955年，梅大师在苏联进行巡回演出，其精湛的舞台艺术轰动了整个苏联。每次演出前，在剧院大门口，总是聚集着一群群等退票的人，真是一票难求啊！”罗高寿还告诉我一个“秘密”：他信中医，遇到头痛脑热，就吃中药。他说，中医讲辩证，可治本，而西药吃了，虽一时有效，但治标不治本。

有一次，我也告诉罗高寿一个“秘密”：苏联边防军司令派他的“坐骑”，送我们中方专家组一行13人去外地参观。此事说起来，还真有点天方夜谭。

有一天，苏联政府代表团团员尼钦将军（来自边防军）神秘兮兮地对我说："咱们一起坐架专机去外地看一看，你觉得怎么样？"我以为他这是开"国际玩笑"呢，笑而不语，可过了两天，苏联边防军司令的图 -134 专机，果真让他给"借"来了。罗高寿听后用汉语感慨地说："尼钦这个家伙的确很厉害，他有后门，而且还很硬。"

1989 年 2 月初，苏联外长谢瓦尔德纳泽对我国进行访问，为苏联最高领导人戈尔巴乔夫 5 月中旬访华做最后准备。4 日，邓小平在上海虹桥宾馆会见了他。罗高寿作为苏联副外长陪同访问，当他被介绍给邓小平时，这位中国领导人略为停顿一两秒钟，即若有所思地说："哦，罗高寿同志啊，你给我当过翻译，这个嘛，记得！"又说："这是 50 年代的事儿，那时，你还是个 20 来岁的小伙子啰！"罗高寿用汉语连声答道："是，小平同志，是这样的，我那时二十七八岁，初出茅庐，小翻译一个！"我在场听了这番忆旧的话，深感邓小平记忆力惊人，将近 40 年前见过的一个小字辈翻译，他竟然还记得。

邓小平与苏外长交谈时提出，中苏关系应该"结束过去，开辟未来"。会见后，罗高寿用汉语称赞道："小平同志这八个大字实在太精辟了！"还说："他老人家都八十有五了，精神还那么矍铄，单就中苏关系而言，也是福啊！"

5 月 15 日，戈尔巴乔夫开始对我国进行访问，访华的第二站是上海。18 日上午，他乘坐的专机在中国这个最大城市一落地，车队就从机场直奔普希金纪念碑，以缅怀这位中苏两国人民都热爱的伟大诗人。这位苏联最高领导人一行近百人，沿途受到了成千上万上海市民的热情欢迎，有的人还打出用俄文书写的标语"中苏友好万岁！"对此，戈尔巴乔夫甚为高兴和满意。罗高寿副外长这次也陪同访问，他不无自豪地对我说，"车队直奔纪念碑"这个点子的"版权"，是属于他本人的。

“光荣的归宿”

1992年12月11日，我到驻俄罗斯使馆出任公使，正好在此前不久，当年4月，罗高寿出任俄罗斯驻华大使。有一次，他回国述职，我作为使馆临时代办，邀请他到使馆做客。罗高寿大使一见到我，就激动地用汉语说：“真感谢鲍里斯·尼古拉耶维奇（指叶利钦）对我的信任！我得尽心尽力，以不辜负总统的期望！”又说：“今年是我的本命年，20多年来，在国内外做过几个比较重要的工作，而‘驻华大使’这个职务分量最重，这是本人一个光荣的归宿！”罗高寿大使见证了中俄关系在3年多时间内上了3个台阶，并为此做出了自己的努力。

罗高寿特别引以为自豪的是，最先见证“中俄战略协作伙伴关系”这一新提法的诞生。1996年4月23日下午，俄罗斯总统叶利钦乘坐专机前来我国进行第二次国事访问途中，把中俄双方在两国联合公报中本已商定的“中俄建设性伙伴关系”一语勾掉，换上“平等信任、面向21世纪的中俄战略协作伙伴关系”一句，并让俄外交部设法立即向中国主席江泽民征求意见。从俄外交部的特急电文中，罗高寿得知这一新措词后十分振奋，立刻约告时任副外长张德广。当时，北京已经是晚上八点来钟了，江泽民觉得叶利钦这一新提法很好，便当即同意了。对于苏方上述“闪电式提议”，中方也作出“闪电式回应”，由张德广副外长转罗高寿大使再转俄外交部，很快就传到了正在高空中的叶利钦那里。“中俄战略协作伙伴关系”这一历史定位，从提出到商定，只用了个把钟头时间，而且还是通过“空对地”、“地对空”这种罕见的独特方式进行的。

罗高寿在北京当大使七八年后，在莫斯科数度传出他“即将被替换”的说法。不过，从俄罗斯总统叶利钦和继任的普京那里，却迟迟不见“动静”。在俄罗斯驻外大使中，罗高寿创下了任期最长的纪录：13年又23天。有一次，一位俄罗斯朋友向我开玩笑说：“在我们俄罗斯，换总理易，换罗高寿大使难！”

与同年代从事对华工作的苏联高级外交官相比，罗高寿有一个过人之处：他能够客观地回望中俄关系300多年、中苏关系30多年的风风雨雨，而且，其思维与做法都是“双向”的：既坚定维护他所代表的苏联的利益，也较好顾及中国的关切与利益。中国的历史、文化、传统，连其领导人的治国思路与方式，总是在他的视野和思考之中，“常思忖”冥冥在起作用。

2005年春，罗高寿卸任驻华大使时，早已过了古稀之年。离京前5天，他参照“我们的朋友遍天下”这一中国名句，用汉字写下这样一张条幅：“我的朋友遍中国”。罗高寿大使在离任招待会上，动情地对中国朋友们说：“离开你们大家，我会感到很寂寞的！”

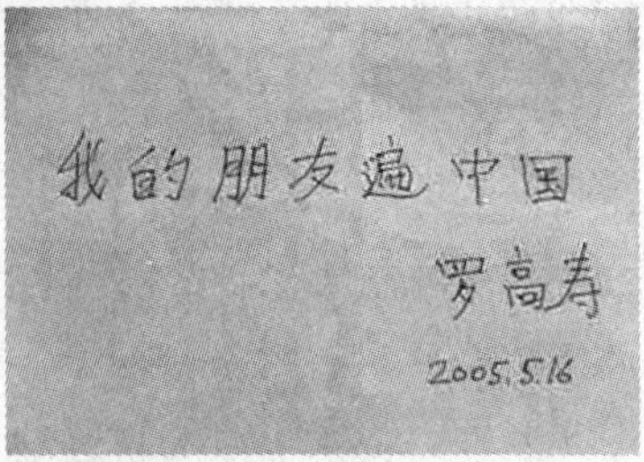

罗高寿的汉字手迹

2005年5月21日，罗高寿大使离任回到莫斯科。在国内，他退而不休，作为俄罗斯联邦委员会（上院）议员、阿穆尔州（与黑龙江省毗邻）代表，为中俄间交流合作牵线搭桥，长期奔波于莫斯科——北京之间，一直乐此不疲。有一次，他对我一位朋友“神秘地”说：“你大概不会相信，我和老伴把家安在北京城了。女儿学的也是汉语，在这里当常驻记者，已经好几年了。孙子在莫斯科上大学，读的是法律，第一外语亦选了汉语，他同我与女儿一样，也是个‘老北京’，来你们这个古都，大概有二三十次了。”罗高寿还感慨地说：“从父亲到我，再到女儿及孙子，整整四代人，都有一份厚厚的中国缘，而且还是个‘汉语世家’。”

2008年8月8日，罗高寿应邀来华参加北京奥运会开幕式，他对此感到十分荣幸。他从北京回到莫斯科不久，不幸因车祸伤了右腿，走路得靠拐杖，有中国朋友见到此情景时，便过去搀扶，他总是不让，说：“不用，不用，还不到80呐，能算老吗？尽管拄拐了，我并不服‘残’！”有一次，他半开玩笑地说：“小平同志不是说过吗，‘胆子要大一点，步子要快一点’。而我呢，

罗高寿在北京奥运会开幕式上

走路不够利索了，不过，也要记住小平同志的话，‘胆子要大一点，步子要快一点’”，边说边拄着拐杖往前迈大步，做出快走的样子。罗高寿晚年腿脚虽然不太灵活，但依然神朗气爽，心宽豁然，思维敏捷，神采奕奕，他诙谐地说：“去八宝山还早呢！”

2012年龙年到来时，罗高寿又用汉字，给我的一位朋友写下这样一句祝福：“龙年大吉！”过后不久，4月7日，罗高寿先生因病在莫斯科辞世，享年81岁，与其父同寿。时任俄罗斯总理普京，逝者一些中国老朋友，纷纷给其遗孀发去唁电。普京在唁电中称罗高寿为“俄罗斯优秀的职业外交家”。李立三、李莎之女李英男等罗高寿生前友好，参加了11日举行的罗高寿送别仪式。罗高寿穿着黑色中山服，安卧在鲜花丛中，灵柩前摆放着《中苏友谊奖章》、《中俄友谊奖章》等十二枚生前荣获的勋章、奖章。在仪式上，我国驻俄罗斯大使李辉，真诚而准确地称他为“中国人民的老朋友、好朋友”。一个“老”字，一个“好”字，真可谓画龙点睛，道出了这位俄罗斯外交家中国情缘之久远与深厚！

罗高寿先生西去整整一年了，但我总觉得，他并没有远离我们。他的豁达气清、沉稳淡定，他的神采、理性、睿智、幽默，依然近在身边。

图书在版编目（CIP）数据

外交官历史亲历记 / 刘新生，赵国明主编. -- 北京 : 九州出版社，2013.9
ISBN 978-7-5108-2366-4

Ⅰ. ①刘… Ⅱ. ①刘… ②赵… Ⅲ. ①外交人员－回忆录－中国－现代 Ⅳ. ①K827=7

中国版本图书馆CIP数据核字(2013)第232329号

外交官历史亲历记

作　　者	刘新生、赵国明　主编
出版发行	九州出版社
出 版 人	黄宪华
地　　址	北京市西城区阜外大街甲 35 号 (100037)
发行电话	(010)68992190/2/3/5/6
网　　址	www.jiuzhoupress.com
电子信箱	jiuzhou@jiuzhoupress.com
印　　刷	九洲财鑫印刷有限公司
开　　本	787 毫米 ×1092 毫米　16 开
印　　张	14
字　　数	198 千字
版　　次	2013 年 10 月第 1 版
印　　次	2013 年 10 月第 1 次印刷
书　　号	ISBN 978-7-5108-2366-4
定　　价	35.00 元